阿米巴经营之拍案说法

汪 洋 著

天津出版传媒集团

天津科学技术出版社

图书在版编目(CIP)数据

阿米巴经营之拍案说法 / 汪洋著.—天津:天津
科学技术出版社,2022.2

ISBN 978-7-5576-9890-4

Ⅰ.①阿…　Ⅱ.①汪…　Ⅲ.①企业经营管理—研究
Ⅳ.①F272.3

中国版本图书馆 CIP 数据核字(2022)第 033693 号

阿米巴经营之拍案说法
AMIBA JINGYING ZHI PAIAN SHUOFA
责任编辑:吴文博
责任印制:兰　毅

出　　版:	天津出版传媒集团 天津科学技术出版社
地　　址:	天津市西康路 35 号
邮　　编:	300051
电　　话:	(022)23332392(发行科)　23332377(编辑部)
网　　址:	www.tjkjcbs.com.cn
发　　行:	新华书店经销
印　　刷:	唐山富达印务有限公司

开本　787×1092　1/16　　印张　14.75　　字数　220 000
2022 年 2 月第 1 版第 1 次印刷
定价:59.80 元

抓住拐点，就是最好的战略

在中国，特别是企业界，阿米巴有着空前的热度。为什么它会有这么大的魔力？它到底能给企业带来哪些价值？我们如何在企业内部落地实施？带着这样的问题，本书展开了一系列的探讨。

从大环境上来讲，今年的经济情况是近十几年来最为特殊的。疫情对全球经济影响巨大，给许多企业带来了更多不确定性。在这种背景下，有的企业能够从困境中走出来，但有的企业已经结束了自己的生命。

企业将如何活下去，并持续发展？我想引用丘吉尔的一句话："千万不要浪费了一场危机。"

或许有人认为这句话充满了"心灵鸡汤"的味道。然而很多企业正是在危机中抓住商机，拨开迷雾，迎来了蝶变和新生。

卡宾滑雪是一家向 2022 年冬奥会提供服务的企业，我们在为其服务时，老板感触颇深。他认为，面对这种不确定性，国外的一些竞争对手现在没有办法进入国内市场，公司反倒是抓住了一次难得的机遇，所以，要紧紧抓住这一良机练好内功，把企业经营得更好。

中环寰慧是一家 2020 年 6 月开始导入阿米巴经营系统的企业，同样也是冬奥会的合作伙伴。2020 年 6 月，北京再次发现疫情，供暖企业每年 11 月要开始供暖，整个行业都将达到运行高峰。在仅有的 5 个月时间内，中环寰慧吴立群董事长做了前瞻性布置。他认为企业一定要趁着机会练内功，做好准备工作，把一些基础工作做扎实，只有提前下功夫，才能在后期成为"学霸"。

优秀的、爱学习的企业总是能够给人带来无限的启发，面对危机，一些企业往往能够精准抓住商机。中环寰慧全集团同步导入阿米巴后，线上线下同时展开运营，目前成效显著，成果累累，企业上下给予旌华咨询极大的好评。

2020 年 2 月 13 日,在"小米 10"发布会的现场,雷军谈到"生活可以被疫情影响,但是绝不能被疫情打败"。小米公司要求全体小米人付出不亚于任何人的努力,认真拼命地工作。这是企业经营的核心要义,除此之外,世界上不存在更高明的经营诀窍。这正是在践行稻盛和夫的"六项精进",把《活法》和《干法》很好地融合,助力小米逆势腾飞。

2019 年 5 月 阿米巴落地咨询班杭州站现场

面对疫情和市场变化,企业拼到最后,靠什么能够胜出?是资源?还是社会关系?我认为以上 3 家公司很好地说明了,拼的是一家企业的免疫力。免疫力也是华为经营的最高纲领,被称为"活下去"。

此前我对华为的"活下去"充满了不理解,认为目标定得未免过低,但现在通过一系列学习与对过往经历的总结,我发现"活下去"对于多数企业来说是一种奢求。企业能够活下去、活得久,最后活到 100 年,成为一家基业常青的企业,这是一个很伟大的战略。可以说,华为的纲领十分具备战略眼光,华为是一家极具洞见的企业。

说到华为的领军人物任正非,他本人和稻盛和夫有很多交集。每当任正非谈到稻盛和夫时,都充满了认同与敬意。在华为内部,任总要求践行稻盛和夫的哲学。马云对稻盛和夫的思想也有很深的理解和应用。马云在 2010 年之前即多次拜会稻盛和夫，当时稻盛和夫还未因拯救日航而广为世人所知。

马云多次跟稻盛和夫探讨经营之道。2007 年，稻盛和夫来中国时，特意到马云的太极禅院进行了回访。马云对稻盛先生的思想尤为赞赏，他有很多刚刚想透的问题，稻盛和夫已经在几十年前想透了。

稻盛和夫的创业历程波澜壮阔。几十年前，稻盛和夫在一家街道小厂工作，但他把每一个拐点都当作一次机遇，并且用心地抓住这些机遇，所以实现了"竹节式成长"，带领企业走向了世界 500 强。

稻盛和夫找到了经营的真谛，在他看来，经营企业必将历经坎坷和风雨。稻盛认为，萧条本身是不好的，但要正面面对，积极思考，做出各种努力，这样就能打造出一家再次飞跃的企业，甚至使企业变得更强大，这体现了真正的经营能力和水平。

沧海横流，方显英雄本色，萧条也是企业成长的机会。我们应该思考一下自己的企业在面对萧条时应抱有怎样的心态，决定一家企业最终高度的往往不是它的起点，而是拐点。

前言二

日本企业背后的核心竞争力

日本的学习力

稻盛和夫的故事给了无数企业家启发。

2010年,我有幸与一些日本企业家共事,深刻感受到日本企业的经营管理水准。期间我考察了很多日本优秀企业,它们几乎都是百年企业,有的已经经营了几百年,长期立于不败之地,其经营思路非常值得研究和学习。

几年前,我回国创业,在为湖南一家企业做咨询服务时,我非常认同老板的核心观点:我是为改变而来。现在这家企业因为引入阿米巴而发生了重大的改变,我希望有更多中国企业都能如此。

"好好学习,天天向上"是人们耳熟能详的一句话,出自毛主席之口。我曾非常肤浅地认为,这是一个老人家对孩童学习的叮嘱,但如果放在企业的角度来看,这句话同样包含着深刻的道理。不可否认,毛主席的一生也是好好学习的一生。我希望所有企业家都能有这样的态度。

我们的邻居日本是一个好学的民族,崇拜强者,永远向强者学习。

日本发展的第一个阶段是汉化时期和唐化时期:

公元646年到公元1868年,日本派出遣唐使飘洋过海来到中国学习,这段时期的学习对日本整个国家来说具有重大影响。遣唐使在中国的学习将日本的发展向前推进了一大步。

在分析这段历史时,我注意到一个细节:日本人经常将学习的某一样内容称作"道"。比如,中国的茶艺在日本是"茶道",中国的武术转变成了"武士道",中国的剑术则演变成了"剑道"。

实际上,道是最核心、最根本的第一性原理,是最底层的逻辑和思考,也是根目录。道生一,一生二,二生三,三生万物,因此在日本这个好学的国家身上,我们要悟透一个道理:学就要学它的道,要探究它的根本,要找到问题的核心,要有终极的追问,而不是在方法上求索。这也是区分会学习和不会学习的一个标志。

学习与实践的结合十分重要,要学而时习之,我对此感悟很深。在为一家木门领军企业做咨询服务时,我们打造了企业商学院来培养经营人才,提出了"我们的任务是学习,工作只是练习题"这句口号,要求学习与实践相结合。我们始终遵从这个指导思想,在为企业落地阿米巴的过程中一直践行学习和实践相结合的精神,于是有了中国纺织机械项目、中广核服集团项目以及沙特阿拉伯和马来西亚等海外项目的成功,带动了企业和我们一起精进学习。

这些企业成功落地阿米巴给了中国企业一个重要启发——阿米巴经营不仅可以在日本使用,它是没有国界的,可以做到因地制宜、因时制宜。

对于学习阿米巴这件事,我想引用《道德经》中的一句话:"上士闻道,勤而行之;中士闻道,若存若亡;下士闻道,大笑之。"学习任何一个知识体系和结构,都要思考到底是要勤而行之还是将信将疑,抑或是批判,我们到底应该采取怎样的学习态度?

有了正确态度的认知、学习的背景和学习的观点之后,才是探讨阿米巴经营模式的原理和概念的最佳时机。

关于阿米巴经营模式的原理和概念,有四个关键要素:阿米巴和传统管理模式的区别、阿米巴的缘起、阿米巴的构成、阿米巴追求的终极目标。

当下,企业界对于阿米巴的一些基础概念和原理有各种解读,甚至有混淆的地方。那么,具备中国特色的阿米巴如何在本土企业内部更高效地推行呢?

企业经营的底层逻辑与规律

我们要思考清楚,阿米巴体系与传统经营模式有什么不同,应抓住哪些差异点,才能对比分析出这套体系的特质,而不是在过去的知识体系中拼凑和重复。

稻盛和夫一生创办了两家世界 500 强企业,并力挽狂澜,拯救了一家同为世界 500 强的企业,企业家们对这些故事想必耳熟能详。但我们从另一个角度来分析,制造业、通信通讯业、航空业,行业跨度之大,让人望而生畏。中国有句古话叫"隔行如隔山",但为什么这句话在稻盛和夫这里却不适用了? 他为什么能够打破魔咒?

巴菲特和查理·芒格在各自的领域中同样是常胜将军,他们是"股神",稻盛和夫是"经营之圣"。那么"经营之圣"和"股神"有什么不同呢? 他们"神"在哪里呢？我认为有一句话颇能代表他们的一部分思想：别人贪婪，我恐惧；别人恐惧，我贪婪。可见大神和普通人有着很大的区别，甚至是相反的节点把握和思维惯性。

再来看找到自然界密码的牛顿，他在被苹果砸到脑袋的时候追问为什么苹果会落在地上，于是他发现了万有引力。自然界隐藏着很多密码，任何现象背后都有一定的运行机理。

结合自然科学，在经营这门学科上，有没有类似的运营机理？我们看到，经营环境可分为过去和未来两个时空，过去的经营环境非常复杂，具有各种多变的因素，而未来的经营环境会面对更大的不确定性。以不变应对变、见招拆招，我们可能会疲于应对。然而牛顿、巴菲特、稻盛和夫等人都是在现象背后找原理，用规律和核心逻辑应对未来的复杂情况，就能把问题简单化，而这个简单的规律就是企业家要学习的经营之道。

经营之道是模型，是公式，也是第一性原理，因此在学习阿米巴之前，要清楚地知道一套体系运行的背后到底是什么在支撑。抓住背后的逻辑才能把握根本，应对未来。

过去，经营企业大多是靠经验主义，靠经验的积累、知识的叠加，在试错中寻找规律，所以 99% 的人都在依赖归纳法。而站在未来的角度，对于尚未发生的事情该如何进行推演？经营企业需要做一次全新的思维逻辑升级，通过一套算法和模型进行理性分析。

市场中只有 1% 左右的大师在采用演绎法，也只有这些人意识到思维逻辑必须升级。创新理论大师熊彼特说："无论多少辆马车相加，都不能得到一辆火车。"升级一套系统能够带来哪些巨变？市场中已然有了不少案例。

2007 年，诺基亚的手机行业霸主地位被苹果所取代。当时的诺基亚在功能上增加按键，不停地做加法，而苹果手机升级了系统，直接取消了按键，成功做到了"无就是有"。十几年后再回顾，苹果手机系统的升级无疑将整个手机行业带到了智能化的层级，是一次深纬度的迭代。

诺基亚的市场在电信网，而苹果把目光放到了互联网；诺基亚做的是功能机，而苹果做的是智能机。苹果公司彻底升级了自己的系统，带来了全新的体系。在企业经营系统的学习上，企业家都该有这样的认识——升级思维、升级模型、升级逻辑，而不只是在知识上进行叠加。

　　结合以上来说,阿米巴体系带来的是一种全新的操作系统。它不是在经验上求索,而是依据原理做判断,这才是经营的核心,也由此证明了稻盛和夫经营企业不是运用经验主义。如果稻盛和夫只是一个经验主义企业家,那么京瓷的经验就无法复制到 KDDI,也无法复制到日航。

　　实际上,稻盛和夫的阿米巴经营体现了经营中的第一性原理。掌握了第一性原理,企业就能以不变应万变。切不可轻视这些变化,不少企业就是在变化中失去了先机,而我们要做的是真正抓住根本。

　　杰夫·贝索斯曾说:"人们经常问我未来 10 年会有什么变化,但是很少有人问未来 10 年什么是不变的。我认为第二个问题比第一个问题更重要。"贝索斯这句话恰恰回应了稻盛和夫的经营逻辑。

　　贝索斯作为世界首富和经营大师,同样重视把握根本,这佐证了学习的最高效方法即为"抓根本"。

　　埃隆·马斯克认为,第一性原理的思考方式是层层拨开事物的表象,看到本质。那么阿米巴的本质是什么? 这是企业家必须思考的终极问题。

　　感谢在本书成书中企业家和旌华师资贡献的智慧,特别是旌华咨询刘翰洋、牛朝阳、黄开营、彭宝英、朱明晓、邵敏等几位组成《拍案说法》专项编委会,为本书的编辑出版贡献力量!

目录 CONTENTS

第 8 章 │ 推行落地:阿米巴经营的落地与持续循环改善　/ 143

第 9 章 │ 激励体系:让真心付出者得到应有的回报　/ 165

第 10 章 │ 企业文化:绝非务虚的阿米巴经营哲学　/ 183

第 11 章｜全书总结　/ 209

第1章 追本溯源：阿米巴经营模式的源起与优势

一说起阿米巴经营，绝大多数人脑海中浮现出的就是稻盛和夫先生。确实，稻盛和夫通过阿米巴经营模式取得了卓越的成绩，但要想了解阿米巴经营，还必须了解两个人——涩泽荣一和松下幸之助。前者被称为日本的"实业之父"，后者被称为日本的"经营之神"。众所周知，经营哲学是阿米巴经营的核心，没有经营哲学的阿米巴经营根本算不上是真正的阿米巴经营。阿米巴经营哲学并不是一天就能形成的，而是要经过日积月累以及无数人的努力才能形成。

涩泽荣一在他所著的《论语与算盘》一书中，提出了经商者需要遵守的两大准则——"士魂商才""义利合一"。他表示，要想经营好一家企业，除了要用"算盘"之外，还必须精进《论语》中的思想。在这之后，松下幸之助继承了涩泽荣一的思想，经过不懈努力，将涩泽荣一的"《论语》与算盘"学说发展为一种真正的经营模式。松下幸之助以涩泽荣一的学说为基础，建立了一套独特的、系统化的经营哲学。松下幸之助在开展经营活动的过程中，始终坚持"自来水哲学"，并逐步打造了量化分权体系。松下集团之所以能够取得今天的成就，很大程度上是因为其实行了事业部制，任何经营活动都以培养人才为核心。后来，稻盛和夫继承了松下幸之助的哲学思想，并进一步完善，提出了"敬天爱人"的哲学思想，将"做人何谓正确"当作判断事物的基准。所以，阿米巴经营模式是稻盛和夫继承了前人的智慧，并经过不断完善而形成的经营模式。

1.1　理念溯源1:19世纪,涩泽荣一的《论语与算盘》

　　阿米巴经营模式中的"分"只是表象,"合"才是最终目的,这与涩泽荣一在《论语与算盘》中提出的观点不谋而合。涩泽荣一被誉为"儒家资本主义的代表",其提出的"《论语》与算盘"学说是道德与利益的结合,合则两利,分则两伤。接下来,我们通过介绍涩泽荣一的经历来进一步了解《论语与算盘》。

　　涩泽荣一生于1840年,一生中共创办500多家大型企业,极大地促进了日本的经济发展,在日本现代化经济发展史中有着不可磨灭的贡献,因此,他被人们称为"日本近代企业之父"。他创办了日本造纸、银行、电话电信、保险、纺织、铁道、煤气、电力、仓库、造船、剧院以及旅馆等行业的第一批企业。以日本的金融领域为例,日本的第一国立银行(现在的第一劝业银行)就是他创办的。除此之外,还有大量的国立银行、专业银行以及普通银行在他的支持下发展起来,有力地推动了日本金融业的发展。更重要的是,在他的组织下,"拓善会"成立了。这是一家日本银行家同业协会,对日本银行业的发展起到了有力的规范作用。另外,涩泽荣一还亲自上阵,组织了一批日本金融业的顶尖人士成立了股票交易所,为日本经济的飞速发展提供了有效支撑。

　　涩泽荣一创办的企业包括大阪纺织厂、王子造纸厂、日本铁道公司、东京海上保险公司、日本人造肥料公司、日本邮船公司、东京电灯公司、东京煤气公司、浅野中心、石川岛造船所、东洋玻璃厂、札幌麦酒厂、帝国饭店、明治制糖厂等,都是知名企业。

　　另外,涩泽荣一十分乐于助人,一生中为600多项公益事业提供了赞助,其中包括社会事业、国际交流、文化团体、福利设施、教育设施等。1875年,涩泽荣一创办了商法讲习所,他希望通过这样的方式为日本培养更多的对外贸易人才,为日本的经济发展提供人才支持。

　　涩泽荣一对中国儒学经典《论语》十分痴迷,他将其中的思想融入经营活动中,提出了"《论语》与算盘"学说。他认为:"《大学》以论治国平天下之道为重点,比起修身齐家,它更重视政治方面的教海。《中庸》站在更高的角度论'致中和,天地位焉,万物育焉',它离修身齐家之道更远。至于《论语》,它是每字每句均能在日常处世中加以运用之教,是'朝闻之,夕可行'之道。"

1867年1月,涩泽荣一参加了法国巴黎举办的万国博览会,直至1869年11月才回国。在两年多的时间里,涩泽荣一游历了欧洲各国,对当地的经济文化进行了深入研究,全面了解了欧洲的经济发展历史以及企业方面的情况。由于涩泽荣一有过协助家族经营的经历,且对大阪(当时日本经济发展速度最快的城市)有着非常深入的了解,又掌握了一定的经济学知识,所以很快就吸收了欧洲的先进文化、先进知识,并将其融入自身的知识体系中。在游历欧洲各国的过程中,有3件事情给他留下了不可磨灭的印象,让他的思想受到了巨大的冲击,甚至可以说完全颠覆了他的认知(图1-1):

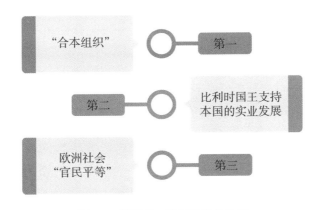

图1-1 涩泽荣一游历欧洲的认知

一是欧洲先进的经营方式——"合本组织",也就是现在的股份制企业;

二是比利时国王身为国家元首,非常支持本国的实业发展,为实业发展提供了不少帮助;

三是欧洲社会是一个"官民平等"的社会,百姓与官员的地位是相同的,不存在尊卑之分。

因为涩泽荣一非常痴迷儒学,且对日本的传统文化有着十分深入的了解,再加上自己有一定的工作经验,所以他在吸收西方先进文化的过程中,都是以本国国情为基础的。在这一方面,他和其他日本留学生有着很大的区别。

回国后,涩泽荣一开始思考,通过什么方式才能让日本的经济更快速地发展,让日本的实业顺利成长起来。经过长时间的思考,他认为,日本要想取得发展,必须从思想方面入手,要改变当下日本商人的两种思想:一是求"义"观,日本传统文化讲究"修身养性",完全不考虑经济利益和物质欲求,不改变这一点,日本经济就无法取得发展;二是求"利"观,西方文化促使人们在进行商业活动时不讲道德,一心为利,不改变这一点,商业活动就会乱成一锅粥,严重阻碍日本经济的发展。为此,他对《论语》中的"义利观"(图1-2)进行了重新注释,提出了"《论语》与算盘"学说和"道德与经济合一"的哲学思想。

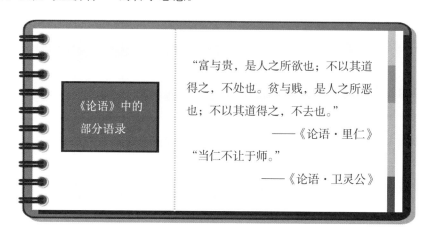

图1-2　涩泽荣一借鉴的部分《论语》语录

涩泽荣一得出结论:"至于商才的培养之道,亦全在《论语》之中。有人以为道德之书和商才并无关系。其实,所谓商才,原以道德为本,舍道德之无德、欺瞒、诈骗、浮华、轻佻之商才,实为卖弄小聪明、小把戏者,根本算不得真正的商才。商才不能背离道德而存在,因此论道德之《论语》自当成为培养商才之圭臬。"

另外,涩泽荣一还认为:"学问不是为学问而学问,是作为人类日常生活指南针的学问。即学问是人生处世的准则,离实业无学问,同时离学问实业也不存在。"

涩泽荣一提出的"道德与经济合一"思想不仅能够促进经济的发展,还能促进社会的进步,在当时的整个国际社会中都有着举足轻重的地位。他希望借助这一思想,提高人们的道德水平,促进社会的进步,最终提高国家的道德水平。当时有很多人认为涩泽荣一不过是"闭门空谈",没有任何实际意义,但涩泽荣一仍然坚持他的学说,因为他曾不止一次出国,亲眼看到个人与个人、国家与国家之间的"弱肉强食"现象。虽然很多国家的经济水平得到了巨大的提升,但道德水平却一直在下降，他认为这是不好的现象，必须改变这一情况。

涩泽荣一表示："我常将《论语》看作商业上的圣经，在经营时，绝不敢逾越孔子之道一步。而我对企业经营的见解是，一人得利不如社会大众蒙惠。"

"现在社会上有人缺乏真实本领，流于淫靡浮薄，以不道德的手段来发展事业，偶然得富的轻佻者很多，作为银行家值得注意。"

涩泽荣一在欧洲游历的两年时间里，看到了许多新鲜事物，这让他有了新的视野、新的材料以及新的思想。他在工作中，在企业、金融业、商业等方面积累了丰富的管理经验和实践案例，这让他转换《论语》中的思想变得更加简单。如果没有这些经验及经历，他也不可能对《论语》中的思想进行重新诠释。

2018 年 12 月，阿米巴落地咨询班北京站现场

涩泽荣一在很小的时候就非常喜欢《论语》，对《论语》有着十分深入的理解。孔子的思想在悄无声息间影响了他的言行，让他对《论语》有着独特的情感。这些都是他创造性地使用《论语》、转换《论语》思想的重要条件。总的来说，涩泽荣一在商业活动中对《论语》思想的运用，并不是生搬硬套，也不是盲目地照抄，而是以日本的实际情况为基础，再加上自身对西方先进管理方法的理解所进行的一次创造性的转换。

马克斯·韦伯(Max Weber)在《新教伦理和资本主义精神》与《儒教和道教》中提出:儒家伦理与新教伦理的方向是相反的,这会严重阻碍近代工业文明的产生与发展。而涩泽荣一用尽一生的时间,去研究、思考如何在商业活动中运用儒学思想。他用自己的努力证明了,儒家思想经过转换和重新诠释后,是能够用于商业活动的,儒家思想在日本近代工业文明的产生与发展中发挥了至关重要的积极作用;同时也证明了马克斯·韦伯的理论是错误的,具有片面性。

除了涩泽荣一之外,日本还有许多企业家都对中国的儒学思想十分痴迷,如图1-3所示。

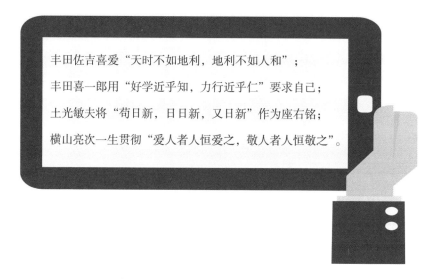

图 1-3　日本一些企业家对《论语》的推崇)

比如,丰田佐吉(丰田纺织公司创始人)就十分喜爱《孟子》中"天时不如地利,地利不如人和"这句话,并将其主要思想"天地人"当成自己的座右铭,融为企业文化的一部分。他的儿子丰田喜一郎创立了丰田汽车工业,取《中庸》里的"好学近乎知,力行近乎仁"之意,用"天地人知仁"当成自己的座右铭,意思是要用"好学""力行"来严格要求自己。"苟日新,日日新,又日新"是日本财界总理日本经团联前任会长土光敏夫的座右铭,这句话出自儒学经典《大学》。"爱人者人恒爱之,敬人者人恒敬之"是横山亮次(日本日立化成工业公司总经理)的座右铭,他一生都贯彻着这一思想。

1.2　理念溯源 2:20 世纪,松下幸之助的"事业部制创新"

涩泽荣一将自己毕生的所见所闻凝聚成了《论语与算盘》这部皇皇巨著,为日本商人提供了新的思想指导。虽然这让人们知道了《论语》与"算盘"之间是有关联的,但人们并不清楚应该通过什么方式缩短《论语》与"算盘"之间的距离。

经过了漫长的岁月,终于有人解决了这一问题,他就是松下幸之助。他以涩泽荣一的"《论语》与算盘"学说为基础,建立了自己的经营哲学,他的经营思想被人们称为"一手拿着《论语》,一手拿着算盘"。

松下幸之助经过长时间研究后,提出了事业部制,也就是我们常说的 SBU 量化分权。他希望通过这样的方式将《论语》与"算盘"合二为一,进一步推动企业的发展。

1927 年,松下电器公司率先建立事业部制。对此,松下幸之助表示:"当企业规模尚小时,只有我一个人进行管理就够了,但是当企业逐步发展起来时,自己常常忙于应对,力不从心,因此必须选择另外的人来分担我的工作,而我委派的那个人就是事业部的最高负责人。这是松下电器公司事业部的开端,其目的是通过事业部的设立,形成一种经营责任,也便于对工作业绩进行考核。事业部之间一定要独立核算,不能将某一个事业部的盈利转到另外的事业部中去。总而言之,事业部是真正考验企业家水平的地方,是出人才的地方。"

松下幸之助实行的事业部制度,可以说是阿米巴经营模式的雏形。简单来说,事业部制度是分权管理体制的一种,各项工作都由事业部的领导者全权负责,经营计划、经营目标等也由事业部自行制定,总部只负责监督,不干涉具体的事务。每个部门都必须做出成绩,采取独立核算制度,不能用另一个部门的盈利填补自己部门的亏损。

松下幸之助之所以会提出这一制度,其实是受丰臣秀吉(日本战国时代政治家、军事家)的启发。丰臣秀吉出身于贫苦家庭,原本只是织田信长手下的一名普通步兵,但因为非常聪明,所以很快就赢得了织田信长的赏识。有一次,城池的城墙突然倒塌——当时的日本处于战国时代,战争每天都在发生,城墙倒塌是一件非常严重的事情,于是织田信长很快委派了一批工人前去修理。但 20 天过去了,城墙仍然没有修好,织田信长十分气愤,怒斥工人:"目前正值战乱时期,敌人随时都有可能发动进攻,如果修不好城墙,就相当于完全暴露在敌人面前,我们随时都有可能会覆灭。"

为了提高工程的效率,缩短修理城墙的时间,织田信长派丰臣秀吉前去协助。丰臣秀吉来到现场后做的第一件事,就是重新规划工程步骤,使整个工程变得有序起来。他将倒塌的城墙平均分为10个部分,然后将所有工人分为10组,每组负责修理一部分城墙,并指定一个工头。哪一组最先修理完毕,就能得到最多的奖励。丰臣秀吉的做法明确了各组的责任,并通过竞争的方式激发了工人的工作积极性,在短短3天时间里,城墙就修复完毕了。原本20天都没有完成的工程,现在3天就能完成,工作效率之所以得到如此巨大的提升,关键在于分层负责的方式。

事业部制其实也是一种分层负责的方式,同样通过竞争的方式激发企业内各个部门的工作积极性。所有部门都是独立的组织,都需要自己想办法,凭借自己的能力赚钱,因为其他部门赚到的钱不会分给自己。在这样的环境下,各个部门的领导者都必须充分发挥出自身的创造力,想尽一切办法赚钱,这样才能确保自己的事业部不会被淘汰。

松下幸之助提出的事业部制得到了众人的支持,于是他很快行动起来(图1-4),将收音机部门改为第一事业部,交由井植岁男负责;将电池部门与电池车灯部门合并,改为第二事业部,交由井植薰负责;将合成树脂、配线器具、电热器等部门合并,改为第三事业部,由松下幸之助本人亲自负责。经过此次改革,整个企业被划分为若干个事业部,各个事业部独立经营,自负盈亏,拥有更大的自主权,同时也需要承担更大的责任,事业部的负责人需要想尽一切办法确保自己的事业部能够盈利。总部会定期对每个事业部进行考核,而盈亏是考核的第一标准。

此次改革后,每个部门都在努力提升自己,以获取更多的盈利,从而使企业内部的整体实力得到了提升。更重要的是,企业的外部竞争能力也得到了极大的提升。

当事业部改革完成并顺利运行了一段时间后,松下幸之助马上开始尝试对小型马达的制造进行研究。但是,他的这一举动遭到了众人的反对,大家都劝他放弃,不要做这种冒险的尝试。因为北川、奥村这两家公司虽然以制造马达闻名,但最终都无法逃避倒闭的结局,从此以后,大阪没有任何一家公司有勇气研究、生产

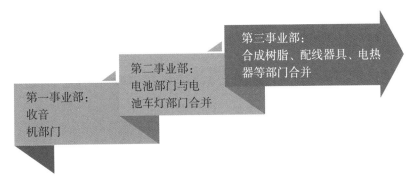

图 1-4　松下幸之助提出的事业部制

小型马达。当松下幸之助提出这一想法时,大家都害怕松下电器也像这两家公司一样,因为制造马达而倒闭。众所周知,松下电器是以制造家电用品而闻名的,马达不属于家电用品的范畴,应该由动力电机厂进行研究和生产,而不是由松下电器来开发。

但松下幸之助并没有理会众人的反对,他表示:"可以预见的是,在不久的将来,小型马达将会进入普通家庭,成为一种生活必需品。"所以,他坚持要研究小型马达,但令人意想不到的是,他竟然将这一工作交给了佐藤士夫,而后者只是一个刚毕业不到 3 个月的大学生。佐藤在学校学习的时候,仅仅学到了部分理论知识,完全没有接触过马达这个东西。他的工作方式也很简单,先将市面上能买到的马达全部买回来,然后一个一个拆开进行观察、研究。

虽然佐藤初出茅庐,但松下幸之助却非常信任他,给了他高达 5 万日元的研究费用,还派遣毕业于京都大学电机系的桂田德胜为他提供帮助。一年的时间过去了,在这段时间里,佐藤将自己的所有精力都集中在研究马达上,最终成功研究出了 1/2 马力的小型马达,命名为"松下开放型三相诱导电动机"。在当时的马达领域内,三菱马达非常知名,质量非常好,但"松下开放型三相诱导电动机"与之相比毫不逊色。从这个时候开始,松下幸之助成立了一家专门负责生产马达的工厂,开始进行大批量生产。

另外,在研究马达的过程中,松下还和冈田电气公司建立了合作关系,两者共同对新型蓄电池进行研究,也取得了非常不错的成果。在 1934 年至 1935 年的一年时间里,松下电器共计开发了 600 多种新产品,销售总额突破了 880 万日元,一跃成为日本电器制造业的领军者,规模快速扩张。

所有事业部都有独立的办事处和专门的下属工厂,每个事业部都有一个完善的研究、生产、销售体系,这样的组织体制在当时的日本是前所未有的,是一次具有划时代意义的体制改革。

松下幸之助以事业部制为基础,在具体实践的过程中持续对经营方式、经营哲学进行优化、改进、完善,最终成功地将《论语》与"算盘"合二为一,成为了日本的"经营之神"。

到了今天,松下幸之助提出的事业部制得到了广泛的传播,大量企业都在使用这一经营模式,让员工形成"为自己创业"的思想,激发了员工的工作积极性,极大地提升了工作效率。

1.3　理念溯源 3:21 世纪,稻盛和夫的《六项精进》

稻盛和夫是一位非常值得我们学习的企业家,在经营管理方面有自己独特的见解,被人们称为世界级的管理大师。他的哲学涉及面非常广泛,包括哲学、生活态度、伦理观等。他以自身多年的实践经验为基础,提出了"六项精进"哲学(图 1-5)。接下来,我们一起学习一下"六项精进"。

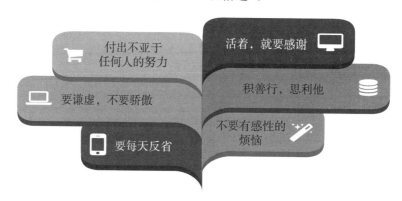

图 1-5　六项精进

1. 付出不亚于任何人的努力

"付出不亚于任何人的努力"是"六项精进"中的第一条。稻盛和夫认为,无论做什么事情,要想取得成功,都必须付出努力,并且是付出不亚于任何人的努力。经营企业也是如此,每天都将自己所有的时间、所有的精力集中在工作上,拼了命地工作,是成功经营一家企业的前提条件。如果无法做到这一点,那么就不可能取得成功。

2. 要谦虚,不要骄傲

稻盛和夫认为,谦虚是一项非常关键的品格,谦虚的人才有可能取得成功。需要强调的是,稻盛和夫所说的"要谦虚,不要骄傲"并不仅仅是对取得了一定成绩而骄傲自满的人说的,而是对所有人说的。经营者在经营一家企业的过程中,必须时刻保持谦虚的态度,即使企业的规模不断扩大,盈利不断上升,也不能失去谦虚的心。

稻盛和夫始终坚信"惟谦受福"的道理。他认为,在这个世界上,只有谦虚的人才能获取福报。有很多人通过一些不正当的手段排挤他人,取得了"成功",但这并不是真正意义上的成功。真正的成功者无论取得了多么巨大的成就,内心有多么强烈的斗志,都会随时保持一颗谦虚的心。

3. 要每天反省

当一天的工作完成以后,及时回想自己当天的所作所为,进行自我反省,这是一件十分关键的事情。想一想,自己今天是否做了让人感到不愉快的事情? 待人接物时有没有做到真诚亲切? 有没有产生傲慢的心理? 是否做了一些卑怯的举动? 是否说过一些自私的话? 稻盛和夫认为,每天结束后,花费一定的时间反省自己当天的所作所为,然后根据做人的准则判断自己的言行是否正确,这是非常有必要的。

稻盛和夫表示:"抑制内心深处的邪恶,让良心充满自己的内心,这个过程就是反省的过程。"他所说的"良心"其实就是"真我",简单来说就是利他之心,全心全意为他人着想,真心希望他人过得更好;而"邪恶"其实就是"自我",简单来说就是利己之心,一心想着自己的利益,完全不顾他人的利益,甚至为了自己的利益而做出损害他人利益的行为。贪婪其实就是"自我"的行为。一天结束后,躺在床上即将入睡时,花一点时间想一想自己当天的所作所为有多少是"自我"的,想办法抑制"自我",让"真我"之心活跃起来,占据思想阵地,这个过程就是"反省"。

需要强调的是,并不是当天结束后才需要进行反省,每当做完一件事情,或者是说出一句话后,如果感觉自己的言行有不妥之处,都应该立即进行反省,就算只有一点点,也必须马上改正。稻盛和夫认为,每天反省其实是一种修行的方式,能够对自己的灵魂进行不断磨练,让自己的人格得到不断提升。要想拥有美好的人生,就必须每天进行反省,通过这样的方式使自己的灵魂和人格得到提升,这是十分关键的。

"付出不亚于任何人的努力"加上"每天反省",我们最终就能形成高尚的品格。

稻盛和夫曾经说过这样一句话:"心性提升之后,经营才能取得成功。"换个角度来看,如果不经过磨练,心性就无法得到提升,经营也就无法取得成功。从中我们能够看出反省的重要性。

稻盛和夫表示:"在我看来,'六项精进'是搞好企业经营所必需的最基本条件,同时也是我们度过美好人生必须遵守的最基本条件。如果我们每天都能持续实践这'六项精进',我们的人生必将更加美好,甚至超乎自己的想象。我自己的人生就是如此。"

4. 活着,就要感谢

要善于对周围的一切说"谢谢"。"感谢"是一件非常简单的事情,却有着不可思议的力量。每个人都不可能独立生存在这个世界上,所以我们必须对周围的一切表示感谢。水、空气、食物、家人、朋友都是人生中必不可少的一部分,离开了这些,人就无法生存下去,所以,我们必须对周围的一切表示感谢。是"世界让我们生存",而不是"我们生存在这个世界上"。

从这个角度来看,一个人只要可以在这个世界上生存,就应该抱有一颗感恩的心。一个人拥有感恩的心,就可以自然而然地感受到人生的幸福。

"对周围的一切表示感恩"听起来是一件非常容易的事情,但做起来却没有那么容易。稻盛和夫的做法是:"即使是违心的,也要说一声'谢谢'。"当你说出"谢谢"两个字之后,你的心情就会豁然开朗。

5. 积善行,思利他

我国古代有句话叫作:"积善之家有余庆",简单来说就是只要多行善事,就肯定能够得到回报;一个人行善,全家都能得到回报。我国古代的思想家们想要表达的就是这个意思。

稻盛和夫也坚信这一道理,他在经营企业的过程中,一直都在努力做好事。他认为,只要自己多做好事,就可以让命运朝着好的方向转变,让工作变得越来越好,最终拥有一个幸福美好的人生。

或许有人会说,很多人明明真心实意地为他人提供帮助,最终却让自己遭受了损失。例如,当朋友资金周转困难时,为了帮忙而成为了朋友的贷款担保人,以为自己做了一件善事,最后却出了问题,朋友没办法将贷款还上,导致自己的财产受到了巨大的损失。

在这样的情况下,只考虑感情,不考虑其他,直接成为了朋友的贷款担保人,其实并不算是真正的"善事",因为善有"大善"与"小善"之分。盲目地帮助他人、迁就他人,这是一种"小善"的行为。提供帮助的方式不对,其实就是在帮倒忙,非但不能帮他人脱离困境,反而会让他越陷越深。

我们在做一件事情之前,必须先做出判断,一定不要感情用事,要想清楚我们的所作所为是"大善"还是"小善"。只有这样,才能行真正的善事,真正帮助到他人。

6. 不要有感性的烦恼

虽然我们要坚持每天反省自己的所作所为,但一定不要因为犯下了过错而在感情层面上伤害自己,不要有心理负担。我们在思考问题的时候,一定要理性。我们只需要思考自己做错了什么,应该如何改正,这样就够了。然后我们应该集中精力进行新的思考和新的行动,不要沉浸在自己的错误里,这样才能不断进步,才能拥有幸福人生。

2019 年 1 月,阿米巴落地咨询班北京站现场

稻盛和夫年轻时经历的一件事情,给他留下了十分深刻的印象,也让他从中领悟到了一个道理。

当时,京瓷公司成功用陶瓷材料制成了人工股关节,帮助众多患者解决了股关节损坏的问题,获得了一片好评。有医院请求稻盛和夫允许京瓷公司研制人工膝关节,因为同样有很多患者因为膝关节损坏而饱受折磨。他答应了这一请求,并着手研制人工膝关节,取得了很好的成果,有大量医院向他购买人工膝关节。但因为时间紧急,京瓷公司并没有获得生产许可,所以虽然其人工膝关节效果很好,获得了医院及患者的一片好评,但仍然有大量媒体指责稻盛和夫为了赚钱不择手段,甚至用病人当借口。稻盛和夫亲自前往厚生省解释,但人们并不相信他,各种新闻媒体声讨他的文章依然绵延不绝,使他在家人、朋友和员工面前抬不起头来。

在这段时间里,他的心灵备受折磨。他心想:自己明明做的是一件好事,为什么还会被人指责呢? 于是他找到了他的老师西山片雪先生,向其说明了自己的情况。

西山片雪告诉他:"稻盛君,你之所以会感受到这样的苦恼,那是因为你还活着。如果你死了的话,就没什么苦恼了。正因为活着才会有苦恼,这不是件好事吗? 因为人工膝关节的问题,你受到了严厉的批判,你感到痛苦和烦恼。但是,这种程度的挫折就能把事情了结,将你过去的罪孽一笔勾销……稻盛君,该庆祝一番才对啊。"

从这个时候开始,稻盛和夫突然醒悟,他之所以会遇到这样的灾难,是因为自己先前曾经犯下了过错,这是报应。这个报应并没有让他的生命受损,这样来看,这其实是一件值得庆幸的事情。

人生是由态度决定的,在面对挫折或灾难时,一定不要怨天尤人,要以积极的态度去面对,这样才能拥有幸福美好的人生。

1.4　理念溯源4:《大学》中的智慧

《大学》节选

大学之道,在明明德,在亲民,在止于至善。知止而后有定,定而后能静,静而后能安,安而后能虑,虑而后能得。物有本末,事有终始。知所先后,则近道矣。古之欲明明德于天下者,先治其国;欲治其国者,先齐其家;欲齐其家者,先修其身;欲修其身者,先正其心;欲正其心者,先诚其意;欲诚其意者,先致其知。致知在格物。物格而后知至,知至而后意诚,意诚而后心正,心正而后身修,身修而后家齐,家齐而后国治,国治而后天下平。自天子以至于庶人,壹是皆以修身为本。其本乱而末治者,否矣。其所厚者薄,而其所薄者厚,未之有也。此谓知本,此谓知之至也。

《大学》是儒家的经典作品,在宋明儒学中的地位举足轻重,被当时的人们视为"初学入德之门"。在古人眼中,"门"是一个事物的开端和起点,先入了门,才知道自己应该往什么方向发展,才知道正确的道路是什么样的。入门看起来非常容易,但也十分关键。之所以将《大学》称为"初学入德之门",是因为人们可以通过学习《大学》找到一条正确的道路。

什么是《大学》?"大学"并不是孩童的学问,而是大人的学问。所谓大人,其实就是指成人。需要注意的是,这里所说的"成人"并不是指生理上发育成熟的人,而是指道德上成熟的人。简单来说,一个人具备了真正的人性和高尚的品德后,才可以被称为"成人"。

针对大人的教育,并不是专业技术教育,而是人性的教育,是通过不断修炼培养人性的一种教育。古人认为人性是非常重要的,人性的教育是所有教育中最基础的教育,人性的学问也是所有学问中最伟大的学问。在接受人性教育的过程中,人的人性会得到不断磨练与提升,当人性提升到一定程度后,人才是真正意义上的成人,才能成为君子。

《大学》中所蕴含的,是大学之道。所谓的大学之道,包括两个方面的内容:一是人性的基本规定,简单来说就是成为一名"成人"所必需的智慧;二是通过什么方式才能获取这样的智慧。《大学》将人的智慧以及获得智慧的方式归纳为"三纲八目"(图1-6)。

"在明明德,在亲民,在止于至善",这句话所说的就是"三纲"的主要内容,也是阿米巴经营模式主要参考借鉴的重要智慧。接下来,我们就对"三纲"进行具体的说明。

明明德

单看"明"这个字,它的本意是指光明,区别于黑暗。当光明照耀大地,黑暗消失殆尽的时候,它就表示照明;当一样东西从黑暗里走到光明之下时,它就表示显明自身;当一个人突然领悟了某件事情时,它就表示明白。"明明德"中的

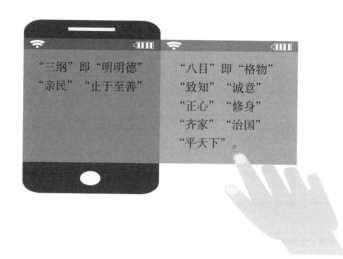

图 1-6　三纲八目

第一个"明"是一个动词,"明明德"所要表达的意思是:人要"明"自身的明德。也就是说,一个人除了要明白自身的明德,领悟自身的明德,还应该显明自身的明德。

所谓德,就是德性,简单来说就是人的本性。古人认为,德是人们已经得到的、已经实现的"道"。德并不是后天形成的,而是生下来就有的。所以德是一种本德,是与生俱来的。但人的本德究竟是什么东西? 人的本性又是什么东西? 对于这两个问题,不同的人有不同的见解,因此形成了几种不同的学说。有人认为人性本善,有人认为人性本恶,有人认为人性不分善恶,有人认为人性可善可恶。《大学》主张的是人性本善,强调人的本德是明德。所谓明德,简单来说就是善良的德性。

"明明德"的意思就是要知道自己从出生开始就拥有光明的德性,并要将这一德性展现出来。需要强调的是,明德虽然是与生俱来的,但它却是隐藏起来的,藏在人们内心的深处,需要用外力将它显现出来,这就是明明德。如果明德一开始就显露出来,那么我们根本没有必要明明德。学习《大学》,就是学习明明德的方式。如果明德一直藏在内心深处,那么明德的光明就会变为黑暗,让人变得缺德甚至无德。明明德的本质,是去除遮蔽明德的各种东西,激发藏在内心深处的明德,让明德显现出来。

有人说,"人已显现的光明"这个说法过于抽象,根本无法理解。其实它并不抽象,简单来说就是作为一个人的基本规定,也就是儒家一直倡导的"仁、义、礼、智、信"。不得不说,"德"和"道"是密不可分的,两者之间拥有十分紧密的联系,明"德"的同时也是在明"道"。所以,一个人除了需要明自身之德,还需要明天下之道。对于"天下之道",儒家与道家有不一样的看法。儒家认为天下之道是社会之道,而道家认为天下之道是天地之道。《大学》中所强调的,是为人处世的道理,是在社会中的生存之道。

亲民

所谓民,就是民众。需要强调的是,古代的"民"与现代的"民"所表达的意思是不一样的。古代的"民"是指臣民,而现代的"民"是指公民。公民十分清楚自己具有什么样的权利,需要履行什么样的义务,但臣民是被君主所统治的,臣民的权利是君主赋予的。在封建社会中,君与民的关系是统治者与被统治者的关系,在这样的关系里,民是亲民者的对象,亲民者是民的主体。

简单来说,君是亲民者,而民是被亲民者,亲民是一种行为,君与民的关系主要集中在"亲"这一行为上。但"亲"究竟是指什么? 对于这一问题,历史上有两种不同的意见,一部分人认为,"亲"是指亲爱,简单来说就是君亲爱于民;另一部分人认为,"亲"是指自新,简单来说就是君通过更新自身道德的方式让民也更新道德。

这两种说法都有一定的道理,且在《大学》里都有相关的依据。"君子贤其贤而亲其亲"这句话中的"亲",表达的就是亲爱的意思。"作新民""周虽旧邦,其命维新""苟日新,日日新,又日新"这三句话里的"新"如果通"亲"字,那么"亲"表示更新的意思。

这两种说法为不同的思想主张提供了依据,在很长一段时间里,人们为此争论不休,双方都坚信自己的主张才是正确的。实际上,两种说法都正确,因为它们并不相悖,都体现出君与民,也就是亲民者与被亲民者之间的关系。如果将"亲"解释为亲爱,那么"亲民"所体现的就是大人或君子的行为和动机;如果将"亲"解释为更新,那么"亲民"所体现的就是民众的行为和结果。这其实是从两个不同的角度解释同一件事物。

止于至善

所谓止,原意为停止,简单来说就是停在某个地方。但"止于至善"中的"止"所表达的,并不是在某个地方静止不动的意思,而是到达了某个地方后停下来。所以,我们应该走在道路上,当走到了某个地方之后再停下来。所以"止于至善"

中的"止"所要表达的,是到达并居住于某个地方。儒家认为,对于君子或大人来说,到达并居住的地方一定不能是一个普通的地方,而应该是一个十分特殊的地方,这个地方是最后的目的地,也就是至善。

《大学》强调,善是指好的事物,而至善就是极致的善、特殊的善、绝对的善。在儒家学说中,善就是仁爱。至善是君子或大人最终的目的地,是人用尽一生的时间才能到达的最远的地方。止于至善,就是说人到达至善之后,就可以停下来了,至善是人最终的归宿。但从另一个角度来看,至善既是所归之处,也是所来之处。一个人成功到达了至善,并且成功居住下来之后,才可以得到自身的规定性。

《大学》将其总结为一句话:"为人君,止于仁;为人臣,止于敬;为人子,止于孝;为人父,止于慈;与国人交,止于信。"这句话充分体现出儒家对一个人在现实世界中扮演的不同角色的规定。人活着,就处于伦理关系中,君臣、父子、兄弟是人需要面对的最主要的伦理关系。

在伦理关系中,不同的人扮演着不同的角色,而不同的角色拥有不同的道德规范,也就是所谓的规定性。当一个人意识到了自己的规定,并且实现了这一规定,那么就完成了最高目的,简单来说就是达到了至善,就可以止于至善了。虽然不同关系的规定性是不一样的,但都属于仁爱的范畴,只是表现形态不同罢了。所以至善其实就是仁爱,止于至善的意思其实就是实现仁爱。

了解了"三纲"之后,我们来探讨一下"三纲"之间的关系是什么样的。目前,人们普遍认同的观点是:"明明德"主要讲的是个人;"亲民"主要讲的是如何与他人交往。前者是内在的,而后者是外在的,两者密不可分,明明德者必亲民,亲民者必明明德。但无论是明明德还是亲民,都要做到止于至善。简单来说,止于至善就是明明德、亲民的最终目的。

从这个角度来看,我们就能够明白《大学》的根本是什么了——就是止于至善。当我们明白了这一点,就可以知道三者之间的关系了:明明德和亲民是止于至善的两个方面。但需要强调的是,这并不意味着止于至善是游离在明明德与亲民之外的,它是蕴含于明明德与亲民之内的。一个人如果能够做到明明德,那么自然能够做到止于至善;如果能够做到亲民,那么自然也能够做到止于至善。

从本质上讲,明明德与亲民是止于至善的内在目的,而三者都包含于仁爱中。

明明德是让人认识到自身的仁爱之德;亲民是将仁爱施与民众,或是让民众自信;止于至善是达到仁爱。

"知止而后有定,定而后能静,静而后能安,安而后能虑,虑而后能得。"所谓知止,并不是让人们知道需要停止,而是让人们认真审视自己,清楚地认识到自己的目的是什么。清楚了目的之后,才知道自己应该朝着什么方向前进。有了目标,才有前进的方向;有了前进的方向,才能顺着这个方向去思考,才能有所收获。

《大学》中有一句话:"物有本末,事有终始。知所先后,则近道矣。"所谓道,就是指道路,也就是过程。道路有开端,有中点,有末端。大学之道同样有开端,有中点,有末端,它就是"三纲"。其中最重要的就是至善,它是大学之道的核心。

1.5　模式本质:阿米巴经营致力实现的 3 大根本目标

推行阿米巴经营模式的核心在于达成以"销售最大化,费用最小化"为根本目标的全员参与式经营。

"销售最大化,费用最小化",这是阿米巴经营的基本原则。这句看上去十分简单的话,直接道破了经营的本质。任何企业在经营的过程中,提升利润的方式只有两种:一是提升销售额,二是降低费用(成本)。

但绝大多数企业在经营的过程中都陷入了一个误区,总是觉得:"整个行业的利润率都维持在这个水平左右,再怎么努力也不可能提升了。"或是觉得:"要想提升销售额,就必须投入更多的成本。"

有这种想法的企业,往往会觉得当利润率或销售额达到某一个点之后,就是"极限"了,没有办法提升了。但现实是,只要你不断努力,持续创新,那么销售额是没有"极限"的,是能够不断提升的;费用也是没有"极限"的,能够不断减少,最终使得利润不断上升。

如果企业内的每一位员工都能做好自己的工作,在自己的岗位上不断努力,持续创新,实现"销售最大化,费用最小化",那么企业的利润就能不断提升,企业的收益也会不断上升。从这个角度来看,推行阿米巴经营模式,其实是为了实现

3 个目标,如图 1-7 所示:

| 达成真正意义上的全员参与式经营 |
| 为企业培养大量拥有经营者意识的优秀人才 |
| 设计一套完善的、科学的、与市场直接关联的分部门核算制度 |

图 1-7　阿米巴经营致力实现的 3 大根本目标

1. 达成真正意义上的全员参与式经营

通常来说,在绝大多数企业中,只有销售部的员工会重视销售额,其他部门中的绝大多数员工几乎不会在乎销售额的多少。同时,在成本方面,因为员工根本不清楚自己和整个部门的工作耗费了多少成本,所以员工不会产生节约成本、降低成本的想法。

但在阿米巴经营模式中,整个企业被划分为若干个阿米巴组织,各个阿米巴组织都是自主经营,独立核算的,强调"如玻璃般透明的经营"。每个阿米巴组织内的每一位成员都必须根据本阿米巴的情况,每月甚至每周设计一份具体的销售额与费用使用计划,并努力确保计划能够实现。

另外,各个阿米巴组织还要在每天的晨会或其他会议上公布前一天的经营实绩。如果销售额没有达到预期的计划,那么每一位员工都会在接下来的工作中竭尽全力提高销售额以填补空缺,确保每月销售额能够达到计划的目标。如果费用高于预期的计划,也是同样的道理,全体员工都会想方设法减少费用,确保每月的费用能够控制在计划的目标以内。通过这样的方式,全体员工都参与到了企业经营中,会自主制定计划,并努力实现这一计划。这就是阿米巴经营的第一个目标——达成真正意义上的全员参与式经营。

2. 为企业培养大量拥有经营者意识的优秀人才

当整个企业被划分为若干个阿米巴组织后,每一个阿米巴组织都需要有一位领导者。该领导者需要管理好自己所负责的阿米巴组织,要根据阿米巴的实际情况制定经营计划,要进行业绩分析改善等一系列管理。在这个过程中,该领导者能够得到很好的锻炼,逐步形成经营者意识。

就算阿米巴只是一个小组织，但要想正常地经营，领导者就一定要掌握会计知识。但掌握会计知识并不是一件容易的事情，需要耗费大量的精力。阿米巴经营对这一点进行了改进，其采取的核算方式是像家庭记账本一样简洁明了的收支计算表。领导者即使只学会了一点基础的会计知识也能看懂，能够根据其中的数据制定组织的经营计划。

3. 设计一套完善的、科学的、与市场直接关联的分部门核算制度

在阿米巴经营模式下，各个阿米巴组织之间实行内部交易制度，而内部交易的价格又与市场价格息息相关，所以当外部市场发生变化时，这一变化能够在第一时间传递给各个阿米巴组织。

举个例子，A 产品的市场价格因为市场波动而降低了 20%，此时，企业内部负责制造 A 产品的各个部门就会开始进行沟通，内部交易的价格也会随之降低。在这一机制的影响下，企业内的每一位员工都能在第一时间感受到市场的变化，全体阿米巴组织都能在第一时间了解到市场的变化，以提高对市场的适应能力，最终使核算数字得到提高。

阿米巴经营的本质，是将企业划分为若干个阿米巴组织，通过自主经营、独立核算的方式，提高阿米巴组织对市场的适应能力，最终使企业整体的适应能力得到提高。

1.6　重要工具：经营哲学、组织划分与经营会计

阿米巴经营原理主要由 3 个部分组成，分别是经营哲学、组织划分和经营会计。其中最重要的一个部分，就是经营哲学，它是阿米巴经营模式的核心理念，强调"全体员工都是企业的主人"，其他两个部分则是重要支柱（图 1-8）。

经营哲学是阿米巴经营模式的地基　**1**

组织划分是阿米巴经营模式的一个支柱　**2**

经营会计是阿米巴经营模式的另一个支柱　**3**

图 1-8　经营哲学、组织划分与经营会计

1.经营哲学是阿米巴经营模式的地基

阿米巴经营哲学是日本"经营之圣"稻盛和夫先生根据自己数十年经营企业的经验以及实际体验总结出的一套哲学,是稻盛和夫对商业、对人生进行判断的基本准则,所以又被称为"稻盛哲学""京瓷哲学"。阿米巴经营哲学中有这样一句话:"作为人,何谓正确。"这是判断一切事物的标准。稻盛和夫认为,在经营企业的过程中,无论做出什么行为,都必须符合人的道德观、原始伦理观以及社会规范,所做的一切都必须是正确的,这是阿米巴经营的基础。

"敬天爱人"是经营哲学的核心,强调经营者在经营企业的过程中一定要贯彻敬天爱人的思想。我们之所以要学习阿米巴经营哲学,并不是为了盲目地模仿、照搬,而是为了理解其中深层次的内核,然后结合经营者自身的情况以及企业的实际情况形成属于自己的一套经营哲学,这样的经营哲学才是最适合企业的,才可以帮助企业取得巨大的发展。

2.组织划分是阿米巴经营模式的一个支柱

划分阿米巴组织,是实行阿米巴经营模式的起点,而要想做好这一点,前提是企业必须有一个正确的组织结构。

传统企业的组织结构通常是金字塔式的,而阿米巴经营模式的组织结构却是蜂巢式的。整个企业被划分为无数个大大小小的"阿米巴组织",所有阿米巴组织组合起来,就是整个企业。每个阿米巴组织都是独立经营、独立核算的,因此都能成为一个独立的利润中心,在变幻莫测的市场环境中生存下来,快速应对市场的变化。

但是,划分阿米巴组织并不是一件简单的事情,在这之前,我们必须做好 3 项准备工作(图 1-9):

（1）在企业内部构建强有力的信任关系,领导与领导之间、领导与员工之间、员工与员工之间都必须相互信任。

（2）使每一位员工都形成强烈的经营意识。

（3）构建一个完善的数据体系,确保数据能够及时反馈给现场,确保数据的准确。

图 1-9　划分阿米巴组织之前要做好 3 项准备工作

在划分阿米巴组织的过程中,如何确定一个部门能否成为阿米巴组织呢? 一个阿米巴组织必须满足两个条件:一是具备独立完成一项业务的能力;二是具备独立的核算组织。满足了这两个条件,才能成为一个独立的阿米巴组织。除此之外,还必须考虑到一个问题:组织的拆分不能对企业的经营计划和整体目标产生影响。划分阿米巴组织的权力在于直接领导者,如果领导者认为一个团队满足成为阿米巴组织的条件,并且有使其独立的必要,那么就可以将这个团队划分为一个独立的阿米巴组织。不同领导者的划分思路是不一样的,所以阿米巴组织的划分方式也是不一样的。

需要强调的是,阿米巴组织并不是在划分之后就一成不变的,要结合市场环境的变化和阿米巴组织的运行情况进行不断调整,或许是将一个大的阿米巴组织拆分为若干个小的阿米巴组织,或许是将若干个小的阿米巴组织合并为一个大的阿米巴组织。至于究竟如何调整,取决于直接领导者。领导者通常会以各个阿米巴组织的单位时间核算表为依据,判断是否要进行调整,如果需要调整,那么就要在第一时间与现场进行沟通,取得同意后马上实施调整。

3. 经营会计是阿米巴经营模式的另一个支柱

阿米巴经营会计与传统会计有着很大的差异,我们可以将其视为企业会计的一个分支,强调利用数据改善企业的经营情况,提高企业的经济效益。经营会计对于企业来说,是一个必不可少的经营工具,能够为企业提高效益提供支持,帮助企业更好地了解真实的经营情况。在当今时代,没有经营会计,企业就无法顺利经营下去。

阿米巴的领导者需要以月、周,甚至日为周期来统计本阿米巴的经营情况,并亲自编写经营会计报表。报表中的内容需要让所有阿米巴成员都能理解,并将其运用到日常工作中,起到改善业绩的作用。准确的数据能够让领导者、员工轻而易举地了解到组织的经营情况,知道应该通过什么方式进行改善,知道自己为组织创造了多少贡献。

1.7 组成系统:完整构建起阿米巴经营的 7 个核心系统

阿米巴经营模式诞生于日本,而日本企业与中国企业有很大的差异。所以,中国企业要想引入阿米巴经营模式,并使其在企业内部顺利落地,就应该深入了解阿米巴经营模式的原理、内核,然后结合自身的实际情况,构建适用于企业的阿米巴经营模式。如果单纯地模仿、照搬,必然会走向失败。在此,我来介绍一下完整构建起阿米巴经营的 7 个核心系统(图 1-10)。

图 1-10　完整构建起阿米巴经营的 7 个核心系统

1. 哲学系统

阿米巴经营的核心是经营哲学,我们可以将其视为企业的最高指挥部。企业在经营过程中做出的所有决策都以经营哲学为基础,经营哲学直接影响着企业的发展和命运。

1980 年左右,日本的房地产行业突飞猛进,回报率极高,吸引了众多企业家的加入。当时,京瓷的账上有规模庞大的现金,所以大量银行前来拜访稻盛和夫,劝说其投资房地产行业。但无论他们说什么,稻盛和夫都毅然决然地拒绝了。没过多久,日本的经济泡沫瞬间爆炸,大量企业破产倒闭,而京瓷却没有被这场风波波及,仍然保持着高速发展。于是人们说稻盛和夫的眼光不错,能够预见到这种情况的发生,当时才没有盲目跟风。但是稻盛和夫却表示,他根本不知道会发生什么,他之所以会做出那样的决定,是因为坚持自己的经营哲学,根据这一经营哲学做出了一个再普通不过的决策而已。

一家企业是否具备经营哲学,经营哲学能否传递给每一位员工,每一位员工在日常工作中能否贯彻落实经营者的经营思想,直接决定着企业的生死。

2. 组织体系

组织体系简单来说就是围绕着"通过什么方式划分阿米巴组织""通过什么方

式制定一个合适的经营授权体系"等问题建立起来的系统。

组织体系的建设，一定要符合企业的经营策略。不同的阿米巴组织所负责的业务不同，相互之间的工作关系也不同，所以每个阿米巴组织的使命都是不一样的。在划分阿米巴组织的过程中，一定要以企业的实际经营情况为基础。如果划分的结果阻碍了企业经营策略的执行，导致企业内部的协调机制出现混乱，那么企业的经营目标就无法实现。

3. 运作系统

企业拥有经营哲学、形成组织体系，并不足以支持企业取得成功。因为外部环境和市场是不断变化的，企业的经营环境也是不断变化的，所以企业必须结合外部的变化对自身进行调整，以适应外部的变化，确保当下的组织情况与外部变化高度匹配。

有了运作系统后，所有阿米巴组织的诞生、撤销、合并、拆分都要经过上级阿米巴组织的同意，符合企业的经营策略。如果不建立该体系，就有可能发生徇私舞弊等情况。比如在任命阿米巴组织的领导者时，会特意安排自己的亲属或是和自己关系好的人，甚至有可能发生随意分裂阿米巴组织的情况。运作系统最大的作用，就是确保企业的阿米巴经营体系能够顺利运作。

4. 二元制 HR 系统

稻盛和夫认为，要想打造一个优秀的人力资源系统，最重要的不在于设计一套科学的、合理的、优秀的规章制度，后续只需要根据这个规章制度执行即可，而在于企业的经营者需要为其投入大量的时间和精力，在日常工作中关注员工的情况，并结合实际情况调整人员的配置。真正意义上的绩效考评，需要经营者对所有的现场员工足够了解，这样才能做出合适的考评和调整。绝大多数企业现行的人力资源体系是"冷冰冰"的，存在着大量的问题，如老员工安置、能上不能下、升迁与降级等。而阿米巴经营模式的二元制 HR 系统是"有温度"的，能够有效地解决上述问题。

对于中国企业来说，二元制 HR 系统是一个非常好的启发。中国企业应该结合自身的实际情况，打造一个适合自己的 HR 系统。

5. 循环改善系统

阿米巴经营模式侧重于关注员工未来的发展，而不是员工目前的能力。简单来说就是,不要求你今天必须做得特别好,但要求你明天做得一定要比今天好。

阿米巴经营模式强调不断发现问题,不断解决问题,以使企业逐渐趋于"完美"。在这个过程中,循环改善系统是必不可少的。循环改善系统需要贯彻"三现主义"原则。所谓"三现",就是指现场、现物、现况。现场是指工作场所;现物是指现场的资源和物件,比如工具、不良品、人力和设备等;现况是现场真实的情况。企业要想改善,就必须对"三现"足够了解,这样才能准确地了解问题的原因,做出有效的决策。

企业在经营的过程中,必须在不断循环改善中持续提升,这样才有机会取得可喜的发展。

6. 赛马平台系统

完成人事任命之后,阿米巴经营体系与经营会计体系实现完美融合,产生了一个帮助企业高效运转的关键系统,即赛马平台系统。

赛马平台系统是阿米巴经营的核心,一个好的赛马平台系统,能够源源不断地为企业培养出大量优秀的人才,使企业的整体效益得到巨大的提升。

绝大多数企业在用人方面,都存在一个难以解决的问题:先有伯乐,后有千里马。得到领导者认可的人才,才可以被称为"人才"。而在阿米巴经营模式中,在赛马平台的帮助下,企业可以轻而易举地找出谁是真正的"千里马"。阿米巴经营通过量化分权,充分给予员工经营的权力,在经营会计的帮助下,通过准确的事实数据对人才的能力进行客观评价,用数据证明员工究竟是不是"千里马"。

赛马平台系统让每一位员工都拥有一个能够充分展现自身能力的平台,所有人在这个平台上公平地竞争,在竞争中不断成长。这为企业的人才培养提供了一个良好的环境,确保"千里马"能够脱颖而出。

7. 数据核算系统

数据核算系统是企业内最重要的一个系统,甚至可以称之为企业的神经。是否具备一个优秀的数据核算系统,直接决定了阿米巴经营的7大系统能否融为一体。

该系统的主要作用,是对数据进行计算,对信息进行传递,确保企业能够顺利地运行。在最近数十年里,IT技术取得了巨大的发展,在相关技术的支持下,企业可以建立一个信息系统,让企业的经营状况与该系统无缝对接,使全体员工都能了解到企业的经营状况,使企业的领导者能够更精细地划分阿米巴组织。在当今时代,经营信息转瞬即逝,对于企业来说,速度是十分关键的竞争要素。很多时候,仅仅因为你比别人慢了一步,别人就赚得盆满钵满,你就只能无奈叹息。所以对于现代企业来说,数据核算系统是一个必不可少的系统。

1.8　可获优势:导入阿米巴经营后企业可获得的5点优势

阿米巴经营模式最大的优势在于:企业的所有经营信息都能通过数字的形式展现出来。每一位员工都能了解到企业最真实的情况,并且准确地知道自己的工作为企业创造了多大的贡献,知道自己的工作成绩如何。总的来说,导入阿米巴经营模式后,企业主要有以下5个优势(图1-11)。

充分赋权，实现员工自我管理

可以在第一时间将经营数据反馈给现场

提升库存周转的效率

明确责、权、利

解决老板管理难题

图1-11　导入阿米巴经营后企业可获得的5点优势

1. 充分赋权,实现员工自我管理

企业在经营的过程中,规模会越来越大,员工的数量会越来越多,而经营者的精力有限,不可能了解每一位员工的情况。我相信绝大多数企业家都遇到过这样的情况:随着企业规模不断扩大,总部难以对基层进行管理。在这样的情况下,如果继续使用中央集权式管理,那么就会逐渐形成"大企业病",严重的甚至会导致

企业逐渐走向衰败。所以,对于大企业来说,权力下放是一个必须面对的问题。但是,通过什么方式下放? 按照什么标准下放? 权力下放后又应该通过什么方式进行考核? 这些问题一直令企业家们头疼。

阿米巴经营模式的诞生,有效地解决了这些问题。阿米巴经营将企业划分为无数个阿米巴组织,每一个阿米巴组织都是一个独立的利润中心,自负盈亏,独立核算。通过这样的方式,每个阿米巴组织都知道自己为企业创造了多少价值,每个员工都能充分感受到自己在企业中的存在感,并形成"自己的一言一行都会影响到组织成绩"的意识,产生强烈的责任感。

在阿米巴经营模式中,所有员工都是企业的主人,都需要对费用、销售额和利润负责。他们会努力工作,以使企业的整体利润得到提升。另外,合适的组织激励能够更好地调动员工的工作积极性,使企业整体的工作效率得到提升。

2. 可以在第一时间将经营数据反馈给现场

阿米巴经营模式有一个非常关键的作用:经营数据可以在第一时间反馈给现场,让现场及时发现问题,及时解决问题。更重要的是,经营会计报表中的内容通俗易懂,不懂会计的人能理解其中的内容,还能以"天"为单位进行统计,让每一位员工都能轻而易举地了解到组织前一天的收入、费用,盈利还是亏损。每天及时了解前一天的经营数据,可以更好地制定当天的工作计划、工作目标,使最终的年度计划得以实现。

经营会计与传统会计最大的差异在于:前者能够及时统计每天的数据,并及时反馈给现场,实现真正意义上的可视化经营,而后者无法做到这一点。

传统会计通常使用的是期间会计,简单来说就是以月、季、年为周期对企业的经营数据进行统计。这就会导致今天做的事情要到下个月,甚至下个季度才知道成绩如何,是否存在问题。无法及时发现问题,无法及时改正问题,也就无法及时对经营进行改善。

而阿米巴经营模式能够让全体员工清楚地知道自己当天的工作成果如何,有没有进步,是否存在问题。如果存在问题,员工就会及时思考应该如何改正,并在第二天的工作中做出调整,这样才能及时的对经营情况进行改善。更重要的是,企业的高层领导通过经营报表,可以了解所有阿米巴组织的经营情况,以做出更合适的经营决策,普通员工同样能够了解到企业的经营情况。

3. 提升库存周转的效率

阿米巴经营会计基本原则中有一项是:如果出现支出,那么就需要将其计入费用中。所以,各个阿米巴组织的领导者在实际支出费用的时候,就要进行全面思考,比如在采购物料的时候,要思考是只采购一个月的,还是直接采购三个月的。如果采购三个月的,因为量大,价格自然会便宜一些,但这会导致现金占用过多,当月费用过大。在当今时代,现金才是王道,所以绝大多数经营者都会优先考虑采购一个月的。这就像买房一样,有些人选择按揭贷款,而有些人选择一次性付清。从经营的角度来看,第一个选择明显更合适一些。

更重要的是,在阿米巴经营模式中,库存是有时间限制的,如果在规定时间内无法及时消除库存,那么这些库存的产生者就要向企业支付一定的库存占用费用。因此,如果阿米巴组织的领导者不想支付这笔费用,不想因此损害组织的利益,就一定要做到按需采购、按订单生产,在规定时间内对库存进行处理。这样的做法能够有效提升库存的周转速度。

4. 明确责、权、利

在阿米巴经营模式下,所有阿米巴组织的领导者都必须明确责、权、利,这样才能避免出现推诿扯皮的情况。在这样的模式下,所有事情的成败都与阿米巴组织的领导者有直接关系,会影响到领导者的利益。阿米巴组织的领导者会主动加强管理,明确责任。

举个例子,某企业在实行内部交易制度之前,销售部接到了一笔订单,于是通知生产部进行生产,双方约定的交货期限是 40 天。但 50 天后,生产部还是没有交货,销售部前去交涉,生产部不断推诿扯皮,用各种理由搪塞,总之就是要延迟交货。在这种情况下,销售部没有任何办法,只能等待。该企业引入阿米巴经营模式后,实行了内部交易制度,销售部与生产部之间的关系变成了客户关系,如果规定在 40 天内交货,就必须如期交货,因为双方签订了协议,如果无法如期交货,就形成了违约,需要支付违约金。在这样的模式下,生产部要么乖乖生产,要么乖乖交违约金,再也不可能推诿扯皮了。

5. 解决老板管理难题

绝大多数员工表面上都说是为了自己工作,但心里想的却是为了老板工作。这就导致员工的积极性根本无法提升,如果老板在,就假装努力工作;如果老板不在,就浑水摸鱼。但在阿米巴经营模式下,无论老板、领导是否在场,员工都在为实现自己的目标而努力工作,这就解决了老板的管理难题。在阿米巴经营模式下,如果员工没有完成当天的任务,他甚至会主动加班完成,绝不抱怨。

1.9 【案例】日本长寿企业的秘密:年轮式经营

丰田汽车成立的时候,是一个不起眼的小企业,但在"丰田纲领"的思想以及"年轮经营"的成长理念指导下,丰田稳步发展,经过数十年的时间,成为了一家"生命型企业"。

丰田的董事长曾说:"如今经营环境瞬息万变,如果坚持以往的思维方式和工作方法,就无法实现可持续发展。必须朝着可持续发展的目标扎实大胆地向前迈进,不断积累'年轮',力争构建可持续发展企业。"

在我们生存的世界里,时间不断流逝,日复一日,年复一年,任何事物都会留下时间的痕迹。如果你想知道鱼的年龄,只需要看它的鳞纹即可;如果你想知道马的大小,只需要看它的牙齿即可;如果你想知道一棵树的岁数,只需要看它的年轮即可。这些都是时间留下的痕迹,我们可以通过这些痕迹判断事物在世界上存活了多久,而时间也是判断一家企业好坏的重要因素之一。

据统计,截至2013年,全球范围内共有5000多家企业的年龄突破了200岁,其中有3146家是日本企业,占总数的一半以上。而年龄突破了100岁的企业,日本有多达20000多家。为什么大部分日本企业都这么"长寿"呢?核心因素在于日本的经营理念非常独特,与世界上任何一个国家都不同。

二战结束后,美国经济学家詹姆斯·阿贝格兰(James C. Abegglen)曾前往日本考察,回国后写下了《日本式经营》一书,书中有这样一句话:"日本企业并不是单纯以替股东和经营者创造利益为目的而存在的经营组织,而是全体员工的生命共同体。"他认为,在经营理念方面,日本企业与欧美企业有着极大的差异。根据当时的分类标准,企业可以被分为两种不同的类型:一种是"经济型"企业,另一种是"生命型"企业。前者更在乎利润,在经营的过程中会想方设法提升利润,追求的是利润最大化,企业与员工之间属于契约关系;而后者更在乎"年龄",在经营的过程中会想着如何才能让企业走得更远,如何才能长期稳定地发展下去,而不在乎短期的利益。

丰田汽车之所以能够存活如此之久,并取得了今天这样的成绩,就是因为这是一家"生命型"企业,推崇的是"年轮经营"。大西弘致(丰田汽车中国本部长)在某次会议上表示:"如果将丰田比喻成一棵大树,那么'年轮经营'正是指导这棵大树扎实成长、稳健发展的企业理念。唯有年轮紧密,才能经得住风雨。只有具备了不易折断的粗壮枝干,才能不断孕育出累累硕果。"

在全世界范围内,每一家汽车企业都希望能够成长为一棵参天大树,但最终能成功的企业并不多。在最近 10 年里,许多汽车巨头都因为一项新技术或新发明而在短时间内取得了巨大的发展,但这些汽车企业无论如何都无法突破 1000 万销量的难关。在汽车行业内,1000 万销量似乎就是一个"魔咒"。但在 2014 年,丰田成为全球第一家年度销量突破 1000 万的车企。前不久,丰田的年度销量再次突破了 1000 万,连续 4 年位列全球汽车销量第一。

这让许多人都感到十分震惊,因为丰田汽车表现出的,是一种不紧不慢的态度,即便如此,他们仍然能够在很长一段时间内处于行业领先的位置。其实这并不奇怪,从更深层次来看,丰田之所以能够取得如此巨大的成功,是因为他们的商业逻辑和哲学与绝大多数车企都不一样。

2014 年,日本的市场环境持续变化,一天一个样。但就在这个时候,丰田章男(时任丰田汽车社长)提出了所谓的"年轮经营",让丰田在剧烈波动的市场环境中仍然能够稳步发展。他不断地向丰田的员工强调:"无论时代如何变化,环境如何变化,我们都一定不能放弃质量,一定要正确处理好经营质量与发展速度之间的关系,要脚踏实地,一步一个脚印地发展,就像年轮一样。年轮一圈一圈往外扩大,企业的年龄也一年一年往上提升。只有这样,企业才能在狂风暴雨中屹立不倒,茁壮成长。"

可以说,没有"年轮经营"的理念,丰田就无法取得今天这样的成就。但是,"年轮经营"不单单是丰田在行动方面的创新,同时也是日式经营理念的一种传承。

塚越宽对丰田章男的影响非常大,他的思想伴随着丰田章男的一生。他曾说:"公司不同于生物体,如何永久地持续发展,才是企业经营的大前提,也是企业经营的理想。所有的经营活动,都应该围绕着这一大前提和经营理想展开。"

在这一思想的影响下,丰田章男始终以长久发展为根本目标,做任何事情考虑的都是能不能让企业发展下去,而不是能够为企业带来多少利益。另外,塚越宽还表示,经营企业不可操之过急,只要与上一年相比是前进的,就行了。他说:"在当前的经济界,大部分人都推崇快速增长。这恐怕是因为他们没有弄清楚,企业存在的根本意义是什么。换句话说,企业本身为什么要存在,追求增长的目的究竟是什么,很多人其实并不清楚。有太多企业在很短时间内便快速成长为巨头公司,但很快便衰退甚至倒下。企业的真正价值在于永续经营。"

丰田章男非常认同塚越宽的观点,甚至因此对丰田之道进行了大量修改。在丰田 2014 财年决算发布会上,他强调:"今后的丰田汽车不会再勉强地盲目扩张求快,而是要追求持续性增长。"

他还为自己曾经的错误道歉并做出了深刻的反省:"即使勉强实现了快速增长,但随之而来的快速下滑会给很多人造成麻烦。经历了雷曼危机引发的赤字后,我深刻地学会了一个道理:不管面临什么局面,都要一年一年地切实刻画出'年轮',实现可持续增长,才是最重要的。"

丰田以"年轮经营"的思想为核心,通过步步为营、稳扎稳打的方式,逐渐成为了世界顶尖的汽车企业。未来,丰田仍然会坚持"年轮经营",致力于为社会设计出"更好的汽车",营造"美好城市、美好社会"。

第2章／概念解读：
阿米巴经营模式的构成

  稻盛和夫所著的《阿米巴经营》为阿米巴提出了概念：阿米巴经营就是把企业化成若干个小集体，每个小集体都像一个小的公司，按一个小公司的方式进行运营，独立核算，自负盈亏，并且对小的经营组织进行业绩评估，通过赋权经营，在企业内部不断培养与领导层理念一致的经营人才，实现全体员工共同参与，创造高收益，成就员工，建立幸福型企业的经营体系。

2.1　核心关键:阿米巴经营模式的 4 个关键词

在创立京瓷公司之初,稻盛和夫就对"以什么来对公司经营进行有效维持"这一问题进行过长时间思考,最终得出的答案是"人心"。从基层到高层,只有相互信任,齐心协力,公司才能成为一个坚如磐石的整体。至于阿米巴经营模式的基准或核心,稻盛和夫认为应该是结合"人心"的哲学道理,概括来说就是"独立核算、赋权经营、成就员工、幸福企业"这 4 个关键词(图 2-1)。这 4 个关键词都是非常普遍且淳朴的价值观,但却能成为阿米巴经营模式的主心骨。只要阿米巴企业能坚持将这 4 个关键词作为经营核心,阿米巴之间存在的利己主义很快就会消失殆尽,员工个人与企业整体之间的关系就能得到有效协调。

图 2-1　阿米巴经营模式的 4 个关键词

1. 独立核算

独立核算是阿米巴经营的核心关键。许多企业发展到一定规模之后,各个部门之间的矛盾日益突出,工作效率也因此大幅降低。因此,许多企业都希望能够打破界限,直面交接对象,使组织更加灵活、敏捷,且具备创造性,而独立核算就是实现这一目标的重要方式。

阿米巴经营就是将企业整体划分为若干个小组织的管理模式,组织与组织之间独立经营,并且以市场价作为参考依据进行交易,部门之间建立起内部市场价值链。可以说,独立核算是阿米巴经营的核心关键,缺乏独立核算这一机制,阿米巴就无法运营起来。

2. 赋权经营

一个人只有发自内心地认可、去做一件事，才能产生无穷的动力来完成这件事。所以，工作要交给感兴趣的人来做，才能做得好。事业上要取得成功，就不能缺少激情，胸怀激情才能坚持不懈，进而取得成功。阿米巴经营模式的核心正是通过赋权经营，使每位阿米巴的巴长具备绝对的经营权，唤起其心中的工作激情和企业家精神。在这种经营模式下，阿米巴的巴长不再一味等待上级领导的指示，而是根据本巴的实际经营情况，自主、迅速地进行判断。在阿米巴经营模式下，阿米巴员工可以有效培养出领导者气质。

需要明确的是，阿米巴经营所倡导的赋权经营是基于信任才能实现的方案，与传统的授权存在很大的区别。赋权经营不仅仅是赋权给人才，而且这个人才要与公司经营理念相一致，只有理念一致，二者才可形成可靠的信任关系。除此之外，阿米巴经营所倡导的赋权经营不仅仅是上级的赋权，还需要得到下级的认可，这样才能推选出上下级成员共同认可的人才。

3. 成就员工

阿米巴经营致力于实现"人人都是经营者"这一目标，从本质上看，有效激活了企业内部组织的活力，让全体员工尽心尽力参与经营，从而产生自我认同，获得成就感。这种做法使每一位员工都和企业紧紧捆绑在一起，双方剑拔弩张的对立关系得到有效缓解，同时激发了员工的工作积极性与主动性。这样一来，员工在完成了自己的工作之后，能够从中获得满满的成就感。

4. 幸福企业

建设"幸福型"企业是阿米巴经营的最终目标。

绝大多数企业之所以要引入阿米巴经营模式，是为了让企业能够得到更好的发展，让企业的每一位员工都能在物质层面和精神层面感到幸福，最终使企业能够在日益激烈的全球化竞争中立于不败之地。

几乎所有企业家在创业之初，都有这样一个想法：一定要让企业成为一家"幸福型"企业，不管是企业的领导者还是普通员工，都能感受到幸福。他们努力朝着这一目标奋斗，但现实却十分残酷。在绝大多数企业中，老板和员工都不能和谐共处，员工每天都在抱怨老板，企业上下充斥着不和谐的气息。而阿米巴经营模式就是改变这一情况的最好模式，可以有效帮助老板们建设"幸福型"企业。那么,什么是"幸福型"企业? 通过什么方式才能成功建设"幸福型"企业? 通过什么方式才能借助阿米巴经营模式为企业注入生命力,让员工在物质层面和精神层面感到幸福?

稻盛和夫曾经说过这样一句话:"即使是小公司,年轻员工也是把自己的一生托付给了公司。所以公司有更重要的目的,就是保障员工及其家庭的生活,并为其谋幸福,而我必须带头为员工谋幸福,这就是我的使命。"

所谓的"幸福型"企业,简单来说就是以阿米巴经营哲学为基础,同时满足两个条件:一是让企业的全体员工在物质层面感到幸福,也就是满足员工的物质需求;二是让企业的全体员工在精神层面感到幸福,也就是满足企业日益发展的需求。要想做到这两点,就必须引入科学的阿米巴管理体系,做好阿米巴组织划分,打造完善的阿米巴经营会计体系。另外,还要建立起完善的培训体系,通过对员工进行不断培训,使员工形成阿米巴经营思维,最终实现哲学共有。最后,当企业成功引入阿米巴经营模式,并取得了巨大的发展后,员工就能在物质层面和精神层面感到幸福,进而使客户感到产品的质量越来越好,价格越来越低,使股东感到自己的收益越来越好。

2.2　数据说话:"杂货铺的故事"与避免糊涂账

在日航危难之际,稻盛和夫挺身而出,拯救日航于水火之中。在进入日航的第一年,稻盛和夫就一直强调经营哲学,通过全员哲学共有的方式,从思想层面入手,改变了日航全体员工的想法,最终使日航扭亏为盈,再创辉煌。除了在思想方面,稻盛和夫还在制度方面和流程方面进行了大量的改革。

刚进入日航不久,稻盛和夫就意识到了一个问题:日航每月的损益收支情况十分模糊,当月的损益收支数据要到几个月后才能统计出来。无法在第一时间统计出当月的损益收支数据是十分严重的问题,没有数据,就不清楚经营的情况,就无法针对经营情况进行改正。于是稻盛和夫制定了新的财务规定:当月结束后,最迟在次月中旬就必须把上月的所有数据统计完成。

有了数据,才能清楚地知道什么业务赚到了钱,什么地方亏了钱,才能针对具体情况去改进、优化。

稻盛和夫一直强调,身为企业的经营者,一定要在第一时间了解各个部门的具体经营数据,只有这样才能准确地了解各个部门真实的经营情况,进而了解企业整体的经营情况。掌握了真实的经营数据,经营者才能根据数据及时制定正确的决策。

许多企业家听说了阿米巴经营模式之后,觉得这是一个非常不错的模式,能够帮助企业取得巨大的发展,但很多人都不清楚阿米巴经营模式的核心是什么。

在央视采访中,主持人问稻盛和夫:"您在很多场合都强调阿米巴经营模式,十分推崇阿米巴经营,但很多人都不知道什么是阿米巴经营,您能否向我们简单地解释一下呢?"

稻盛和夫回答:"阿米巴经营模式其实很简单,就是将整个企业划分为若干个独立的阿米巴组织,实行独立核算,自主经营。"

稻盛和夫用杂货铺举了一个例子:

假设我开了一家杂货铺,卖日用品、食品、电视、家具等。每天经营结束后,所有品类的销售额加起来,就是总销售额,再减去成本,就能知道利润是多少或者亏损了多少。

但是,这样的计算方式并不能知道什么品类赚钱,什么品类亏钱。因此,我们必须对不同的品类进行单独记账,比如设立日用品部门、食品部门、电视部门、家具部门。如果条件不允许,我们可以不安排专门的人负责管理,而是统一进行管理,但一定要分开记账,比如日用品部门今天的销售额是多少,成本是多少,利润或亏损是多少,其他部门也是如此。这样,我们就能清楚地知道什么地方赚到了钱,什么地方亏了钱。

这个道理在经营企业的过程中也是适用的。在管理企业的时候,我们需要安排一位专门的负责人管理一个部门,比如日用品部门,该负责人需要做好日用品的进货、销售以及售后管理等工作。在阿米巴经营模式下,每一位负责人的业绩都会清清楚楚地呈现在老板面前。如果负责人将部门管理得非常好,就给予一定的奖励;如果非常糟糕,就给予批评或惩罚。这就是阿米巴经营的管理方式。

以日航为例,稻盛和夫进入日航后,经过一段时间的分析发现,飞机是根据航线起飞的,所以他尝试根据不同的航线计算收支。通过这样的方式,能够轻而易举地了解到什么航线是盈利的,什么航线是亏损的。除此之外,当季节发生变化时,每条航线的收支也会发生变化,甚至在不同的月份,不同航线的收支也会发生变化。身为企业的经营者,必须在第一时间了解这些数据,这样才能制定出科学、合理的经营计划。

稻盛和夫强调,要想经营好一家杂货铺,就必须对每一项品类进行单独核算。如果把所有品类合在一起计算,就不能看出什么品类是赚钱的,什么品类是亏钱的。企业经营也是一样的道理,我们必须清楚地知道什么部门是赚钱的,什么部门是亏钱的,才能做出针对性的调整,并根据部门的业绩进行奖惩。

以日航为例,我们可以对各个航线进行单独核算,这样就能清楚地了解不同航线的收支情况,知道不同航线在不同季节、不同月份的收支数据,进而做出针对性的调整。

有人说,阿米巴经营模式其实就是将企业划分为若干个小企业,每个小企业都是独立的,自主经营,独立核算,这样就能使每一位员工参与到企业的经营中,实现真正意义上的全员经营。

2021 年 8 月,汪洋老师为重庆腾田落地阿米巴经营模式

企业的老板只需要制定企业的年度经营目标,然后将这一目标拆解,让各个阿米巴组织的领导者根据本阿米巴的经营情况,制定适合本阿米巴发展的经营计划,并自主安排工作,努力实现本阿米巴的目标。当所有阿米巴组织的目标都得以实现时,企业的整体目标自然也就实现了。

但是,要想做到这一点,就必须有一个可以在第一时间反映出各部门经营情况的会计体系。有了经营数据,阿米巴组织的全体成员才能做出合理的工作安排,并不断调整,朝着目标迈进。

这就是阿米巴经营模式的核心。日航之所以能够扭亏为盈,再创辉煌,就是因为使用了这套模式,这也证明了分部门独立核算的制度对于企业发展是十分有效的。

2.3 产品迭代:优秀产品与服务永远是企业的根本

质量主要包括两个方面的含义:一是指产品质量,二是指服务质量。对于阿米巴企业来说,质量是企业赖以生存的基础,有好的质量,才能在市场上存活,才能与其他企业竞争,才能取得更大的发展。就目前的情况来看,虽然绝大多数企业都已经深刻意识到了质量是企业生存的根本,也非常重视质量的提升,但并没有为此付出实际行动,只是一味地"说"。现代社会,竞争日益激烈,一家企业要想存活下来并取得更大的发展,就必须重视质量,并且为提高质量付出实际行动。

在全球范围内,任何一家取得了巨大成功的企业都是以质量为核心的。对质量有着严格要求的企业才能赢得消费者的信任,比如,美国的惠普公司将质量看成是生命,在经营的过程中始终以质量为核心。惠普希望能够在质量上做到全球第一,而不是在规模上或是数量上做到全球第一。在产品研发阶段,惠普就已经开始进行质量控制了;在产品的生产阶段和销售阶段,惠普同样有严格的质量控制体系。惠普所采用的是闭路网络状的反馈控制,简单来说,就是要求所有经销处定期对产品质量进行报告,定期进行质量分析。

这些分析、报告会在最短的时间内送到设计部门手中,以确保新产品的质量能够得到进一步的提升。

另外,惠普还将企业的管理人员和电子工程师安排在与产品推销相关的岗位上,此举的目的是为了加强他们对产品质量的跟踪,加强与消费者之间的联系,使他们能够在第一时间得到消费者对产品质量的反馈。

惠普的质量控制体系极为严格,所有部门都需要完成质量考核,生产部门还需要成立专门的质量加强小组和质量控制小组。正是因为惠普对质量的坚持和追求,使"惠普"这两个字一直存在于人们的心中,使惠普公司在激烈的市场竞争中立于不败之地。

就目前的情况来看,如果企业只在乎品牌形象的塑造,宁愿花费大量的资金去做广告,也不愿将资金用在提升质量上,这样的行为最终只能落得失败的下场。

2.4 理论延伸:支撑阿米巴经营模式的 8 个观点

很多人认为,阿米巴经营等同于绩效考核、思想哲学、降本增效等。需要强调的是,阿米巴经营包括了这些内容,但不限于此。

在阿米巴体系中,绩效考核、思想哲学、降本增效只是其中的一部分,甚至有些内容只是它的副产品。阿米巴的核心要义在于落地过程中的干法和活法,这个过程比结果更为重要。因此,不能只是把阿米巴经营当作实现降本增效和建立思想哲学的基础工具。

稻盛和夫将阿米巴经营比作建一栋房子(图 2-3),这栋房子就是阿米巴经营的组织系统和经营会计系统,通过这两个系统支撑公司的战略与组织、数据与核算。企业家必须把企业的日常运营、日常干法深深植根于企业肥沃的土壤中(这里所说的土壤是指公司的经营哲学和理念),这就是价值共有。通过土壤,也就是文化、氛围,让企业一直处在自己的体系性环境中。

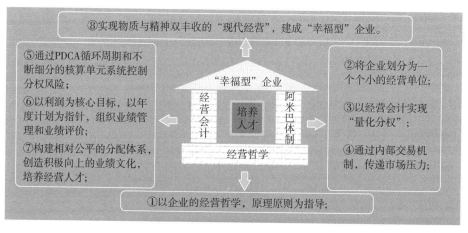

图 2-3　支撑阿米巴经营模式的 8 个观点

在干法中领会活法,企业就会成为人才成长的摇篮,就会在因上精进、果上随缘。稻盛和夫是一位佛教徒,而佛教讲求因果,在因上精进,把追求的果交给时间,交给自然。这就是稻盛和夫为什么如此对阿米巴体系进行解读。他首先将企业的经营哲学、原理原则作为一个不可动摇的根基;其次将企业划分成一个个小的经营单元,单元如何划分以及战略和组织如何关联是核心关键;再通过经营会计实现量化分权,对权力进行分解,做到赋权和赋能。

很多人误以为阿米巴经营等同于传统的分田到户。按照这个逻辑,中国在1978年实行农村联产承包制时,每个家族企业都应该成为世界500强才对,事实却并非如此。所以,阿米巴经营和传统的分田到户有质的区别。

阿米巴经营实行内部市场化,通过内部的交易传递市场压力,形成市场和利益的共同体联动,这是阿米巴经营的一个核心目的。此外,通过PDCA循环和不断细分的核算单元能够控制分权风险。企业过去不敢分权是因为没有量化工具和经营过程中的管控,如今有了阿米巴经营体系,分权就会变得简单。

企业经营一定要有一个目标。阿米巴经营是以利润为核心目标,在此基础上以经营计划为指针,组织业绩管理和业绩评价,构建相对公平的分配体系,如此一来就能打造企业文化。因为有了利润、计划和业绩评价,就可以带来更科学高效的分配,从而形成积极向上的业绩文化,以此培养人才,能使企业拥有非常肥沃的土壤。

以上7个观点最终的指向都是第8个观点:阿米巴经营最终会在因上精进的情况下,在果上带来丰收,即实现物质与精神双丰收的"现代经营",建成"幸福型"企业。这8个观点就是阿米巴经营的核心要义。

2.5　回归根本:从"经营事"到"经营人"

阿米巴经营是以利他共赢为基础,依据战略和年度计划,通过经营单元裂变和内部市场化运作,让经营实现数字化,不断培养经营人才,将企业打造成共创共享的平台,成就百年基业的一套经营系统。阿米巴经营需要回归经营根本,从"经营事"到"经营人"。

阿米巴经营模式强调"全体员工都是经营者",各个阿米巴组织通过自主经营、独立核算的方式为企业创造价值,在这个过程中,价值观共有是十分关键的,其中的核心因素是人。人是生产力的第一要素,能否充分激发出人的主动性,能够将人的创造性发挥到何种程度,直接决定了阿米巴经营的成败。俗话说,要想成功做好一件事情,就要先处理好自己的心情。人的思维是阿米巴经营过程中面临的最大问题,同时也是必须解决的问题。人是十分复杂的动物,尤其是在当今时代,马斯洛的五层次需求理论已经无法对新新人类进行全面阐述。可以预见的是,在不久的将来,企业之间的竞争会发展为人才的竞争,谁的人才更多,谁就能立于不败之地。如果阿米巴经营仍然一味地研究如何做事,最终必然会走向失败。

总而言之,阿米巴经营是"人思维",而不是"事思维"。在中国,要想推行阿米巴经营模式,最需要解决的问题就是如何让每一位员工都参与到企业经营中,以及如何激励员工的工作积极性、如何进行分配等。对于企业来说,推行阿米巴经营模式相当于一场变革,在变革的过程中,绝大多数人都会抱着应付或是抵制的态度。如果无法转变员工的态度,无法让员工接受阿米巴经营,并积极参与到变革中,那么变革最终必然会走向失败。另外,分配问题也十分关键,企业创造价值的过程其实就是"赚钱"的过程,分享价值的过程其实就是"分钱"的过程。中国人有"不患寡而患不均"的思维,所以企业在"分钱"的过程中,一定要考虑到这一点。全员参与和价值分配之间具有极强的关联性,同时也是推行阿米巴经营模式的过程中最难落地的一个部分。所以,企业要想引入阿米巴经营模式,就必须想清楚应该如何做好这两点,这是十分关键的。

2.6 【案例】战略方向不选对,一切努力均白费

有人认为,"战略管理"这个词包含两个部分:"战略"说的是要"做正确的事情",管理说的是要"正确做事情"。在过去,这样的观点并没有什么问题,但如今,要想取得发展,就必须将战略与管理合二为一,看成一个整体。

就现在的情况来看,绝大多数企业都出现了重战略轻管理、混淆战略与管理的情况。我们经常会看到不少企业的领导层每天努力工作,却没有取得任何成效。其根本原因在于,他们没有理解战略管理的核心,根本不知道谁在做,为什么而做,做成什么样才算是成功。

"战略"这个词最早是一个军事术语,我们可以将其理解为"将军指挥军队的方式"。到了 1960 年左右,"战略"一词开始广泛运用于商业中。又经过了数

十年的发展,"战略"一词开始出现于管理学中,成为了一种独特的管理方式,被称为"战略管理",简单来说就是以企业的实际经营情况为基础,制定适合企业的战略规划,并对战略的执行进行监督、分析及调整,最终使企业能够顺利实现目标。

根据兰德公司发布的一份统计报告,我们可以看到:在全球范围内,每1000家破产的大型企业中,有85%都是因为领导层做出了错误的战略决策而导致破产的。加里·哈默尔(Gary Hamel)曾表示,在现实的商业环境中,一切都是不确定的,有许多偶然性事件,在这样的环境中,只有具备正确性和前瞻性的战略管理才能存活下来。战略管理就像一盏明灯,能够为企业拨开重重迷雾,照亮前进的方向。

我们认为,一家企业能走多远,取决于这家企业是否具备战略思维和经营能力,不在非战略机会上消耗战略竞争力量。一般来说,战略与组织设计的常见问题包括以下5点,如表2-1所示:

表2-1　战略与组织设计的常见问题

看不准	行业、客户、对手变幻莫测,看不清、看不准未来方向
难共识	战略目标难以上下对齐、有效共识
未量化	不知如何将战略量化成年度经营计划和预算
没路径	规划主要依据过去画延长线,未基于外部构建战略控制点
缺动力	未将战略解码成组织架构及组织能力,组织绩效与战略脱节

《礼记》中有这样一句话:"凡事预则立,不预则废。"这是在告诫人们,无论做什么事情,只有站得高、看得远,才能取得成功。经营企业也是如此,一定要根据实际情况制定正确的发展战略,并且落实成功,这样才能稳定地发展。

安索夫在他所著的《战略管理》中提出,所谓方向性,就是指企业一定要有明确的发展方向,清楚自己应该走什么样的路;没有目的地走,最终只会走上错误的道路。但是,换一个角度来看,拥有明确发展方向的前提是拥有正确的战略,如果战略是错误的,那么考虑方向没有任何用处。如果你的内心深处有一个十分长远的目标,但该目标是你突然想出来的,没有进行深入思考,那么这个目标大概率无法兼顾全面的利益,最终会导致你在实现目标的过程中遇到各种无法解决的难题。

所以,阿米巴经营提出:企业要想取得成功,除了需要提高战略决策能力,还应该提高战略管理能力。就算拥有正确的战略，没有严格的管理，也无法取得太大的成功。另外，企业在进行战略管理的过程中，一定要重视战略，如果战略是错误的，那么无论管理能力多么强大，都无法取得成功。

2021 年 7 月，阿米巴落地咨询班北京站现场

总之，我们要学会利用"战略管理"这盏明灯照亮我们前进的方向，这样才能走在正确的道路上，离终点越来越近。因为方向比努力重要，走错了方向，无论如何努力，都不可能取得成功。

第3章 组织划分：
破除原始僵化的组织结构

    随着时代的发展，市场竞争变得越来越激烈，传统行政组织模式根本无法适应如今这个时代，在这种情况下，阿米巴组织架构应运而生。一般来说，传统企业的组织架构就像金字塔一样，是一个自上而下的直线图；而阿米巴组织架构则恰恰相反，是一个自下而上的蜂巢图。所谓阿米巴组织架构，就是将企业划分为无数个大大小小的阿米巴组织，这些组织共同构成了企业的基础。需要注意的是，阿米巴与阿米巴之间并不是上下级的依附关系，而是平级的合作关系，所有阿米巴都是独立的利润中心。

3.1 划分目的:经营企业必须有剧本

稻盛和夫之所以会创造出阿米巴经营模式,是因为他在创业之初遇到了一些难题。当时,他不仅需要负责企业的营销工作,而且需要完成企业的研发工作。公司规模不大的时候,他一个人还能应付过来,但当公司规模达到 100 人之后,再想一个人完成这些工作就非常困难了。于是他想,自己要是会分身就好了,可以把这些分身安排到各个关键部门,替自己完成工作。

显然,分身是不可能存在的,但是他又想出了一个办法:虽然自己不能分身,但可以把别人培养成自己的分身。在这之后,他开始尝试将整个企业划分为一个个独立的阿米巴小集体,每个阿米巴都有一个小领导,负责带领阿米巴团队的成员完成各项工作。久而久之,他培养出了大量具备经营者意识的领导,自己的工作轻松了很多,企业也顺利发展壮大。

由此可见,阿米巴组织划分是为了让企业实现更有序的经营。就像一场演出,只有安排好剧本才有可能获得成功。具体来说,阿米巴组织划分主要是为了达到以下 5 个目的,如图 3-1 所示:

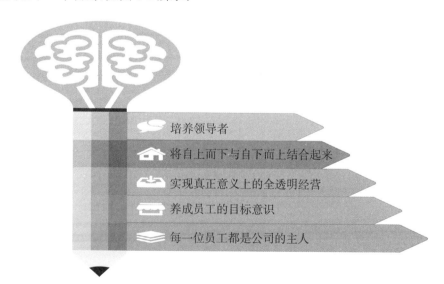

培养领导者

将自上而下与自下而上结合起来

实现真正意义上的全透明经营

养成员工的目标意识

每一位员工都是公司的主人

图 3-1　阿米巴组织划分的 5 大目的

第一,在真正意义上达成"每一位员工都是公司的主人",使员工参与到公司的日常经营中。在这种模式下,每一位员工都将公司当成了自己的家。为了自己的家能够取得发展,他们相互配合,共同对这个家进行经营,在努力经营的过程中体会到人生的意义和成功的喜悦。

第二,把核算当作对员工贡献进行评判的关键指标,这样可以养成员工的目标意识。从本质上讲,无论经营什么公司,最终的目标都是成本最小化,利润最大化。而阿米巴经营模式能够很好地实现这一目的,把整个公司划分为一个个独立的阿米巴,单独核算,自负盈亏,当市场发生变化时,能够在第一时间做出反应,以适应市场变化。

第三,实现真正意义上的全透明经营。

第四,进一步将自上而下与自下而上结合起来。

第五,培养领导人。当公司被划分为一个个独立的阿米巴后,每个阿米巴都需要有一个领导者,要想让这些领导者顺利完成任务,就必须给予其相应的权限。有了权限,领导者就可以大展拳脚,不必受到太多拘束。在这样的模式下,很容易就能培养出拥有经营者意识的优秀领导人才。

总而言之,阿米巴经营模式是一个非常伟大的模式,因为它同时解决了企业管理的3大难题:现场管理、领导力培养、企业文化。阿米巴经营模式虽然同时解决了3大难题,但它并不复杂。即使没有任何企业管理经验,只要想学,就能学会。这可能就是我们经常说的"大道至简"。

从本质上讲,阿米巴组织划分就是"量化分权"。要想应用这一模式,切记不可操之过急,要一步一步来,从上到下,从大到小。

3.2　划分原则:阿米巴组织划分应秉持的3项原则

合理的组织划分是实现阿米巴经营的前提条件,划分阿米巴组织并不是一件简单的事情,需要结合公司的实际情况,按照职能、职责和流程3个方面的因素对阿米巴进行划分,且各个阿米巴之间要有紧密的联系。

经营者在进行组织划分的时候,可以按照工作职能进行划分,也可以按照服务种类进行划分,还可以按照产品的类别进行划分,甚至可以按照不同的工序、不同的地域进行划分,将整个企业划分为无数个可以进行独立核算的组织。但是,稻盛和夫曾经说过,在进行阿米巴组织划分的时候,有3项原则是必须遵守的。

2011年9月24日至26日,稻盛和夫在广州举办了经营哲学报告会。在报告会期间,他提出了进行阿米巴组织划分时必须遵守的这3项原则,如图3-2所示:

图3-2 阿米巴组织划分应秉持的3项原则

接下来,我们对这3项原则进行逐条解读。

首先是"可以独立经营核算"。之所以要做到这一点,是因为阿米巴经营的本质就是将企业划分为无数个小组织,如果这些小组织无法独立经营核算,那么划分就没有任何意义。独立经营核算是指,划分后的阿米巴应该有清晰准确的收入,并且可以计算出为了得到这些收入而支付的费用或成本。做到了这一点,企业就可以清楚地了解到每一个独立的阿米巴的收入及支出情况,从而做出相应的决策。

其次是"可以独立完成业务"。我们必须清楚地认识到,划分阿米巴是为了让其负责一项业务,并赋予其完成该项业务的必要权限,否则划分阿米巴将没有任何意义。除此之外,针对一项业务而成立一个阿米巴,该阿米巴就要竭尽全力去完成这项业务。在这个过程中,阿米巴的领导者得到了充分锻炼,体现了自己的价值。这样的模式能够为企业培育更多的领导人才。

针对"可以独立完成业务"这一项原则,我为大家介绍一个案例。在京瓷的所有生产部门中,原料部门最早被划分为阿米巴。该部门是整个生产工序的起点,也是很关键的一个环节,主要职责是调配原料。当时稻盛和夫还有些犹豫,因为他提出,在划分阿米巴的时候要遵守"可以独立完成业务"这一原则,而原料部门并不具备独立完成业务的能力,如果将其划分为一个独立的阿米巴,是否会导致组织结构过于细化?

但后来，稻盛和夫不经意间发现，部分陶瓷生产商并不是自己生产原料，而是向其他厂家购买。于是稻盛和夫想，既然有厂家销售调配好的原料，就意味着这些厂家把原料调配视为一项专营业务。那么京瓷为什么不能把原料调配当成一项专营业务呢？把原料部门划分为一个独立的阿米巴后，该部门主要负责采购原料和调配原料，并将调配后的原料销售给负责完成下一道工序的部门，这样就满足了"可以独立完成业务"的条件。

2019 年 5 月，阿米巴落地咨询班杭州站现场

下一道工序是成型工序，也有很多工厂接受委托加工。所谓委托加工，就是指委托方负责提供材料和设备，受委托方负责完成加工，这也可以成为一项独立的业务。负责成型的部门向负责原料的部门购买调配好的原料后进行加工，再将加工成型的产品卖给下一个工序的部门，也就是烧结部门，烧结部门同样可以使用类似的方式，将产品再卖给下一个部门，形成一个完整的销售链。通过这样的方式，整个企业就被划分为了一个个能够实现独立经营的业务单位，自负盈亏。

需要注意的是，在对阿米巴进行划分的时候，一定不要划分得太细，否则反而可能导致适得其反。要想进行阿米巴经营，就一定要遵守"可以独立经营核算"这一原则。掌握了各个阿米巴的收支情况，才能决定阿米巴之间的定价，确定在交易过程中如果出现了问题应该如何解决，这并没有想象中那么容易。

更重要的是，无论阿米巴的规模有多小，都必须让阿米巴的领导者感受到自己是一个经营者，而不是替别人打工的"工具"。所以在进行组织划分的时候，一定要让阿米巴成为一个可以通过钻研和创新改进业务状况的单位。根据业务内容的不同，把整个企业划分为无数个独立的阿米巴，就是进行阿米巴组织划分时必须遵守的第二项原则。

最后是"可以执行公司发展战略与经营方针"。一个组织如果同时满足了上述两个条件，但没有满足最后这个条件，也不能成为一个独立的阿米巴。因为一个组织如果不能执行公司的发展战略与经营方针，那么将其划分为一个阿米巴后，或许会导致公司内部的协调机制变得混乱，公司的任务也无法完成。

举个例子，某公司的销售部门是按单生产的，因为该部门的规模不断扩大，管理困难，所以我们可以将其划分为一个个独立的阿米巴组织。比如，负责对产品交货期进行管理的阿米巴，负责获取订单的阿米巴，负责货款回收的阿米巴，各阿米巴之间独立核算。如果整个销售部门可以获取销售额 12% 的佣金收入，那么我们可以根据每个阿米巴的贡献给予相应的报酬，比如负责收款的阿米巴拿 3%，负责管理交货期的阿米巴拿 4%，负责获取订单的阿米巴拿 5%，独立核算收入与支出。

不过，如果将整个销售部门划分为一个个独立的小部门，就会导致销售部门不能再为客户提供一贯式的服务。比如销售部门同时与 3 个客户进行合作，那么负责获取订单的阿米巴是不是只需要拿到订单，其他事情就不用管了呢？另外两个阿米巴是不是也只需要负责好自己的任务，不需要管其他事情了呢？如果是，那么整个销售部门就无法给客户提供一贯式的服务，违背了"顾客至上"的原则；如果不是，那么这样划分阿米巴就没有意义。因此，销售部门这种特殊的部门最好不要随意划分。

总而言之，阿米巴并不是划分得越细就越好，除了需要独立进行核算，独立完成业务，还必须可以执行公司的发展战略与经营方针。3 个条件同时满足，才可以将其划分为一个独立的阿米巴。接下来，我再举 3 个例子，以便各位读者更容易了解阿米巴组织的划分原则。

案例一：房地产销售部门

在房地产行业中，开发项目的销售或租赁工作一般由销售部门负责完成。在这个过程中，销售部门需要结合开发项目的实际情况，设计一份完善的营销方案并执行,最终成功将房子销售或租赁出去。

所以,我们可以将工作职能作为划分的依据,将整个销售部门划分为销售部、策划部、推广部、客户部以及合约部。接下来,再把设计营销方案的工作交由策划部完成。设计营销方案涉及两个方面的工作:一是编写营销文案,二是制图。所以我们可以对策划部再次进行划分,分为文案小组和制图小组。当策划部完成营销方案设计之后,销售部就要根据这一方案完成销售。一般情况下,我们会安排3~4个小组共同负责一个项目,但无论安排多少个小组,负责一个项目的销售人员最好控制在 12 名以内。这样的安排有两个方面的好处:一是最大限度地体现出每个人的销售潜能,二是精简人员,减少不必要的浪费。除此之外,我们还要做到分工明确,这样才能让每一位员工充分体现出自身的特长,最终成功将房子卖掉。

其他几个部门也是一样的道理,只要能够独立完成一项业务,并且能够创造出市场价值,就可以将其划分为一个阿米巴。

总而言之,究竟要划分几个阿米巴,取决于公司的实际需求。但在划分阿米巴的过程中,一定要遵守上述 3 个原则。

案例二:服装生产部门

生产一件衣服通常要经过几个不同的流程,一般都由服装生产部门统一负责,但是根据阿米巴经营理念,我们可以以生产工序为依据,将整个服装生产部门划分为几个独立的阿米巴。比如某工厂生产一件衣服时,需要经过以下 5 道工序,如图 3-3 所示:

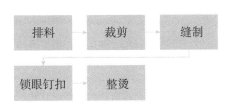

图 3-3 某工厂生产一件衣服需要经过的 5 道工序

其中的每一道工序都能独立完成,而且可以创造出市场价值,所以我们可以将整个生产部门划分为 5 个独立的阿米巴,每个阿米巴负责一道工序。负责排料的阿米巴在完成了这道工序后,可以将成品卖给负责裁剪的阿米巴,完成裁剪后,又可以将成品卖给下一个环节的阿米巴,就这样一个环节接着一个环节卖下去,最终每个阿米巴都能获取收益。

在这个过程中,每个阿米巴的领导者需要按照每天制定的单位时间核算表对本阿米巴的盈亏情况进行统计,当外部环境出现变化时,每个阿米巴的领导者都能在第一时间做出反应。

当我们完成了组织划分后,负责每道工序的阿米巴都清楚地认识到了自己的职责,各阿米巴之间可以通过交易的方式获取收入,这样既能增强员工的积极性,又能让员工感觉到参与了企业的经营,还能帮助企业培养出更多的管理人才。

案例三:汽车制造车间

一辆汽车完成生产通常需要经过 4 个流程:冲压、焊装、涂装、总装。其中的每一个流程都能进行进一步细分,比如冲压可以再细分为 4 道工序,即冲裁、弯曲、拉伸、局部成型;涂装可以再细分为 3 道工序,即漆前预处理、喷漆、烘干。

根据生产流程,我们可以将汽车制造车间划分为 4 个大的阿米巴,分别是冲压部门、焊装部门、涂装部门和总装部门,因为这 4 个部门都能独立完成一项流程且能进行独立核算。因为每项流程都有几道不同的工序,所以我们可以根据工序将大的阿米巴划分为一个个小的阿米巴。比如涂装部门可以再划分为漆前预处理小组、喷漆小组、烘干小组,其他几个部门也一样。在这之后,整个汽车制造车间就被划分为了一个个独立的阿米巴,每个阿米巴都有明确的职责,能够独立核算,最终使员工的工作积极性得到大幅增强,使员工感到自己是企业的主人,主动地为企业创造财富。

因为每个行业的市场背景和实际情况都不一样,所以在划分阿米巴的时候,一定要结合实际情况。但无论如何,在划分的过程中都需要遵守上述 3 项原则,即可以独立经营核算、可以独立完成业务、可以执行公司发展战略与经营方针。把这 3 项原则总结成一句话就是:"可以独立完成一项业务,并且能够创造出市场价值。"

3.3 划分方法:兼顾战略、组织、创新与分合

目前仍然有许多企业在使用非常传统的企业组织形式,其中最常见的包括图3-4 的 5 种。然而,企业的规模会不断扩大,规模越大,管理层级就越多,管理难度

就越大,这会导致企业内部的沟通成本增加,工作效率降低,推诿扯皮的情况越来越多,官僚作风越来越严重。人们非常迫切地需要一种新的组织形式解决上述问题,阿米巴经营模式就是在这样的情况下应运而生的。

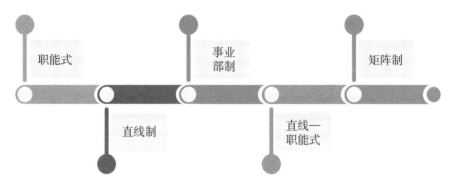

图 3-4 传统的企业组织形式

简单来说,阿米巴经营模式就是将整个企业划分为若干个阿米巴组织,每个阿米巴组织都是一个独立的利润中心,实行自主经营、独立核算制度,通过内部市场化的方式,让每一位员工都有机会成为经营者,实现真正意义上的全员参与经营。这样的组织形态能够有效地解决大企业效率低下等问题,受到了许多企业家的青睐。

在分权体制下,各个阿米巴组织的领导者,也就是巴长,拥有更大的权力,但同时也要承担更大的责任。因为各个阿米巴组织是自主经营、独立核算的,所以阿米巴的利润、成本完全由阿米巴成员控制。利润越高,成本越低,阿米巴成员能够得到的报酬就越多,因此每一个阿米巴成员都会积极主动地控制成本,提高利润,全体员工都能充分发挥自己的智慧。

我们可以将传统组织形式看成是一辆火车,火车的运行方向完全由车头控制,车头的动力大小直接决定了火车的速度。而阿米巴组织架构则更像是一辆高铁,所有车厢都有动力装置,车身的速度由所有车厢决定,而不是由车头决定,车头最关键的作用就是控制好车身运行的方向。

在阿米巴经营模式的推动下,企业从管理转变为经营,全体员工都是企业的主人。但是,我们在对阿米巴组织进行划分的时候,一定要选择正确的方式,需要同时考虑到战略、组织、创新与分合。

企业的组织架构完全取决于企业的战略,战略的顺利实施需要组织架构提供强有力的支持。因此,我们必须以企业的战略为核心,对企业的组织架构进行优化甚至重新设计。其中最关键的是对运作流程进行优化,这样才能提高企业的生产效率,确保企业顺利运转,完全解放企业的生产力,解放经营者。

1. 战略梳理

当企业的能力发生变化或是战略出现调整时,组织结构也需要做出相应的改变,以适应当下的需求。最近几年,移动互联网取得了巨大的发展,相关的大数据技术也越来越成熟。在当今时代,全球范围内没有一家企业敢说自己百分百了解企业的内外部环境,任何一家企业都不知道明天会发生什么,下一波浪潮会在什么时候到来,下一个发展趋势是什么。

在这样的背景下,企业战略的制定者只能以行业内的标杆企业为研究对象,通过深入分析对方的战略,以对方的战略为基础,再结合本企业的实际情况制定合适的战略。

但是,这样的做法有许多缺点,比如不确定性太大、战略落地性太差、战略需要不断进行调整。而在阿米巴经营模式下,整个企业被划分为若干个阿米巴组织,这些阿米巴组织拥有极强的适应能力。所以,企业可以尝试改变制定战略的方式,利用阿米巴组织的强大适应能力开展确定性很强的战略行动。除此之外,还可以充分利用阿米巴组织,孵化、探索和发现更多的战略机会(表3-1)。

表 3-1　战略梳理

要项	具体内容
企业战略和组织架构之间的联系	企业的组织架构取决于企业战略;企业战略的落地需要组织架构提供支撑;组织变革的幅度取决于企业战略的变化幅度。
由传统的"结构跟随战略"转变为"结构引导战略"	充分借助适应能力极强的阿米巴组织探索新行业,感知产业的发展趋势,建立起完善的阿米巴分工体系,进入更多的生态体系,将阿米巴组织的触角伸到各个角落,发现各个领域的新机会,找到一条最适合企业发展的道路。
组织架构的改变导致的流程改变	当企业的组织架构发生巨大变化时,必然会导致组织流程和业务出现巨大的变化,除此之外,还会对流程效率提出更为严格的要求。

2. 组织变革

我们目前所处的时代,是一个前所未有的时代,在这个时代,一切都在快速发生变化,不进行变革就无法存活下去。但绝大多数企业在不断发展的过程中,渐渐患上了"大企业病",这个病主要有几个特征:企业领导层官僚主义盛行、组织架构复杂、部门之间内斗、决策效率非常低、功臣文化严重。很多企业家都发现了这一问题,想要通过变革解决问题,但最终成功的却寥寥无几。因为变革就意味着现有的平衡被打破,利益被重新分配,既得利益者必然会阻碍变革的进行。因此,企业家要想成功变革,就必须有壮士断腕的决心。

在这里,我们以华为为例。华为之所以能有今天的地位,是因为多次进行了组织变革,且都取得了成功。有一次,华为以客户为中心进行了全面的组织变革,要求企业的每一位员工在做任何事情的时候,必须以客户为出发点,以满足客户的需求为首要任务,然后通过流程再造的方式对整个组织的结构进行调整。需要强调的是,组织变革不是为了让领导、员工的工作变得更加舒服,而是为了使企业能够以更高的效率创造出更高的价值。表3-2是组织变革的思路,提供给大家作为参考:

表 3-2　组织变革的思路

要项	具体内容
放弃金字塔结构,将重心放在一线阿米巴组织上	将更多权力下放给一线阿米巴组织,使其能够更好地进行自主经营,但要确保责、权、利的统一。这样的方式能够让企业的发动机由总部或领导者转变为各个阿米巴组织,甚至是全体员工。海尔提出的"人单合一"管理模式就是一个非常典型的例子。
总部的角色应该由"管理中枢"转变为"服务平台"	从前,大型企业的总部就是一个管理中枢,下属的各个分部都要听从总部的命令行事,但现在,要想适应时代的变化,企业的总部就必须成为一个服务平台,为下属各个分部提供服务。美的正在慢慢转变为一个人力资源支持平台、知识共享平台、体系搭建平台,万科正在尝试建立一个"战略总部",为分部提供战略支持。
彻底铲除企业内部的"空气墙",使各个部门能够更高效地合作	大企业内部都有一个看不见的"空气墙",严重阻碍着各个部门之间的沟通协作。但是,随着共享平台的不断发展,铲除"空气墙"成为了可能。在共享平台的支持下,各个部门能够高效地共享客户和用户的数据,可以更好地针对某个客户群体进行协作。德邦的"无边界组织"就是一个典型的例子。

要项	具体内容
对组织架构进行重新打造,由封闭转向开放	企业可以通过重新打造组织架构的方式开放企业的边界,从而把外部利益相关者纳入企业的生态,最终使企业的生态竞争能力得到巨大的提升。要想做到这一点,企业文化的包容性一定要强,如阿里巴巴的生态系统架构。
对价值链进行整合,由分割转变为整体	为了充分发挥规模效应,做好风险控制,可以尝试将部分业务部门的生产、销售、研发等环节切分开,专门成立一个单独的职能部门对这些环节进行统一控制。

3. 阿米巴组织创新

"金字塔式"的组织架构是最常见的一种组织形态。这是因为在工业时代,企业要想得到更多利润,扩大市场规模,就必须追求效率和标准化。换个角度来看,在这个时代,企业最大的竞争优势来源于高效执行。企业的领导者只需要监督和推动生产计划的顺利执行即可。

但在移动互联网时代,企业最大的竞争优势来源于创新,即使企业能够做到高效执行,也不一定能取得更多利润、扩大市场规模。当今时代是一个变化迅速的时代,对于企业来说,效率的重要性远不如创新。相信在不久的将来,这一点会逐渐成为市场的共识:一家企业要想取得发展,在激烈的竞争中存活,就必须不断创造出新的产品,拓展新的市场,使用新的商业模式,而不仅仅是追求生产效率。要想避免被颠覆,就必须主动出击,因为执行效率再高,也难以避免被跨界颠覆。

明白了这个道理之后,就需要思考一个问题:从前的企业组织形态是为了追求效率最大化,现在的企业组织形态应该追求创新最大化,要发动、组织企业内更多的员工进行创新,这一点要如何实现呢? 这里所说的创新,可以是产品层面的,也可以是运营层面的,甚至可以是战略层面的,但需要强调的是,创新不应该是企业中一部分人要做的事情,而应该是每一位员工都要做的。全体员工都成为创新者,是组织创新的最终目标。所以,从本质上来讲,组织创新就是"培养创新者的方法"的创新。

要想做到这一点,就必须关注每一个细节,要全面地了解员工(也就是潜在的创新者)在企业中处于什么样的位置,然后关注员工拥有什么样的权利,需要承担什么样的义务,最后再去考虑如何激发员工的创造性,使其从"潜在的创新者"转变为"真正的创新者"。

4. 阿米巴组织整合与升级

因为阿米巴组织的体量非常小,所以具有强大的灵活性。当环境出现变化时,我们可以在第一时间根据环境的改变对阿米巴组织进行合并或拆分,从而适应环境的变化(表 3-3)。

表 3-3　阿米巴组织裂变、整合与升级

形态名称	
阿米巴组织裂变	当阿米巴组织发展到一定程度后,企业应该鼓励阿米巴组织尝试开展更多新业务。如果阿米巴组织的非核心业务发展速度非常快,且预期成长性很高,但需要阿米巴组织投入大量的精力,那么就需要将该业务拆分出来,成立一个单独的阿米巴组织负责该业务,确保阿米巴组织的精力能够集中在核心业务上。
阿米巴组织整合	当市场或环境发生变化时,我们可以根据实际需要对阿米巴组织进行整合,以适应变化。
阿米巴组织升级	把企业发展为平台,将平台发展为阿米巴组织,将阿米巴组织发展为合伙制的经营模式,实现创新与稳固并存。

3.4　单元设计:量化分权单元的设计方法

从本质上讲,阿米巴经营模式就是一种"量化分权"的模式。阿米巴经营是一套完善的体系,它需要与经营会计、经营哲学相互配合,才能发挥出应有的效用。

另外,阿米巴经营充分意识到了经营的本质,在真正意义上实现了"每一位员工都是企业的主人",最大限度地发挥出了全体员工的潜能,以使企业的经营效益大幅提升。不少中国企业了解了阿米巴经营模式之后,觉得这是一个非常不错的模式,纷纷开始效仿。

但是,就目前的情况来看,绝大多数中国企业都无法做到真正意义上的阿米巴经营。虽然阿米巴经营很好,但由于文化的差异,适合日本的东西并不一定适合中国,所以,我们应该结合自身的实际情况推行阿米巴模式,一味地模仿只会走向失败。

前面我们说过,"量化分权"是阿米巴经营的本质,所以在推行阿米巴经营模式的过程中,一定要遵守最基本的规律,也就是从上到下,从大到小,一步一步、一层一层地推进。具体来说,企业要想推行阿米巴经营模式,就必须先做好"SBU量化分权",然后尝试做"Min-SBU量化分权",最后冲击量化分权的最高境界——"Cell-SBU量化分权"。稻盛和夫正是沿着这一路线创造出阿米巴经营模式的,具体的设计方法如图3-5所示:

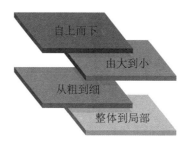

图3-5　量化分权单元的设计方法

1. 自上而下

所谓自上而下,简单来说就是在推行阿米巴经营模式的过程中,要从最高层开始一层一层往下推行,比如从事业部级的SBU开始,取得了一定的效果之后,再对事业部进行细分,划分为若干个小的经营单元,又取得了一定的效果之后,再将经营单元细分为更小的经营单元。就这样一层一层往下推行,直至整个企业完成划分为止。

2. 由大到小

因为量化分权是阿米巴经营的本质,所以在推行阿米巴经营模式的过程中,必须遵循量化分权的基本规律,也就是由大到小。简单来说就是先进行"事业量化分权",然后进行"部门量化分权",最后进行"阿米巴量化分权"。

3. 从粗到细

可以先粗略地将企业划分为若干个大的阿米巴组织,比如SBU、部门、工序等,然后对这些大的阿米巴组织进行详细划分,细分为若干个小的阿米巴组织。

4. 整体到局部

在推行阿米巴经营模式的过程中,必须先从全局出发,考虑好如何进行。

稻盛和夫表示:"京瓷其实就是由几个阿米巴组合起来形成一个大的阿米巴,这个阿米巴和其他大的阿米巴合在一起,构成一个更大规模的阿米巴。其实,京瓷本身就是一个由世界数千个阿米巴组成的巨大阿米巴。"

企业是一个大的整体,包含了无数个单元。因此我们在考虑推行阿米巴经营模式的时候,一定要先从整体入手,从全局出发,然后再慢慢深入局部,最终将整个企业划分为若干个阿米巴组织,实行自主经营、独立核算。

从整体到局部,先通盘思考,再优化、细化一些细节。只有当一个局部满足阿米巴运营的各种条件时,才可以作为样板,然后进行复制。

最后需要强调的是,推行阿米巴经营模式并不是为了单个阿米巴组织的利益,而是为了企业的整体利益,即使是在试验的过程中,也要始终将企业的整体利益摆在首位。

3.5　裂变增长:找到阿米巴单元的"第二曲线"

"第二曲线"是指企业应当不断挖掘的创新点、竞争力,是企业能否转型成功、持续发展的关键因素。企业与市场的隐含假设是不一样的,前者更偏向于连续性,强调管理和延续;而后者更偏向于非连续性,强调创新和破坏。市场通过持续创新,破坏老旧企业,才能涌现出大量新企业,为市场注入强大的生命力。因此,阿米巴单元也应该找到自己的"第二曲线",为自己注入强大的生命力。

就现在的情况来看,有不少企业开创了"第二曲线"创新。举几个例子:海底捞初创的时候只存于四川,随着规模不断发展,"海底捞"这一品牌已经遍布全国一二线城市,在国外也有不少门店,这样的创新属于模式复制式的创新;华为的通信技术从4G发展为5G,使许多行业都取得了巨大的发展,这样的创新属于跨越式的创新；微信的诞生，直接改变了传统电信运营商的短信业务，余额宝的诞生，直接改变了传统银行的定期存款业务，这样的创新属于颠覆式的创新。

"第一曲线"即将突破局点的时候，是开创"第二曲线"最好的时机。要想做好"第二曲线"，就必须准确地知道企业的"第一性原理"是什么，或是知道企业的"第一曲线"为什么能够取得成功。

2020 年 5 月，阿米巴落地咨询班广州站现场

企业要想让"第二曲线"快速生长，就要让其拥有合适的土壤，让创新者能够尽情地施展自己的才华，比如建立创新机制、容错机制，鼓励创新者进行多样化的创新。另外，在开创"第二曲线"之前，一定要做好相关的支持，要确保"第二曲线"能够活下来。因为在一般情况下，"第二曲线"前期需要大量的资源支持，并且很难拥有盈利的能力。弄清楚了目标，并投入了大量的资金和资源后，还需要建立一个能够快速做出改变的组织结构，确保在出现问题时能够第一时间进行调整、优化甚至迭代。

无论在什么情况下，所有增长都是有极限的，当"第一曲线"即将到达极限时，我们就应该考虑开创"第二曲线"了,这样才能确保企业持续经营下去。部分人觉得,"第二曲线"是思维角度的问题,不断创新才是企业的生存之道。在这个时代,任何企业都无法做到"一招鲜,吃遍天",取得巨大成功的企业绝大多数都是生态型企业。对于生态型企业来说,在进行创新的时候,应该考虑生态上的创新,而不是着重于某个领域内的创新。所有生态都有一个共同的特点:能够自然生存、自然发展。生态内的所有企业都是同生死、共进退的,创新是自然而然的,而不是刻意的。比如,早在很久之前,华为就开始着手打造自己的生态系统,小米最近几年也在不断完善小米生态链,等等。

很多企业往往在转型升级的困局中走不远,找不到"第二曲线",没有做到基业常青,因为人才的大量流失使企业遇到了增长的瓶颈。企业和人才只有真正做到门当户对,在物质和精神上彼此匹配,才能同频共振,从利益共同体到事业共同体,从利益驱动到事业驱动,最终走向命运共同体。

3.6 【案例】A 工程集团"中东项目"的阿米巴落地

最近几年,阿米巴经营模式受到越来越多企业的欢迎,很多企业都开始尝试推行阿米巴经营模式。

在这里,我们重点介绍在沙特阿拉伯导入阿米巴经营的 A 工程集团。A 工程集团是一家国有企业,是我国最早进入国际工程承包市场的企业之一。其主要业务涉及成套设备进出口、国内外工程承包、矿产资源勘查及开发,以及劳务输出等。

因为时代和市场的变化,A 工程集团中东分公司的发展遇到了巨大的机遇。为了实现快速发展,该企业决定尝试采用阿米巴经营模式。经过将近一年的探索、尝试和实践后,阿米巴经营模式成功在该企业落地。

我们在为"中东项目"的阿米巴落地提供服务的过程中,应对各种各样的挑战(表 3-4),并且辅以相应的方法与步骤(表 3-5),最后实现了良好的经济效益。

表 3-4 "中东项目"挑战

环境	不毛之地,沙漠
高温	项目驻地平均温度 45℃,最高温度 57℃
语言	语言沟通不畅
文化	①斋月,2 点到 18 点禁食 ②6 小时工作制 ③女性不工作 ④夜晚的祈祷 ……

表 3-5 "中东项目"落地方法

组织	·调研访谈,把握客户的核心问题 ·确定项目小组成员 ·梳理客户业务流程 ·构建阿米巴组织架构 ·成立经营管理部
核算	·梳理内部交易关系 ·制定阿米巴内部定价规则 ·构建阿米巴经营会计报表(公司级) ·构建阿米巴经营会计报表(项目部)
激励	·梳理阿米巴激励制度 ·设计过程激励与结果激励制度 ·梳理阿米巴薪酬制度 ·设计阿米巴薪酬制度
改善	·阿米巴 TCD 改善之改善提案 ·阿米巴改善运行机制 ·构建阿米巴业绩分析会模型 ·阿米巴业绩分析会演示与纠偏

除此之外,该企业还上线了阿米巴经营核算软件,在该软件的支持下,员工收集数据的效率大幅提高。在此之前,该企业的员工一直都靠人工收集数据,效率非常低。最近几年,该企业的规模越来越大,业务量也越来越大,企业要想取得发展,就必须有大量准确的经营数据。在大数据时代,数据就是金钱,如果企业能够有效利用数据,那么其经营效率就能得到巨大的提升。

为了顺利推行阿米巴经营模式,该企业成立了一个专门的阿米巴顾问团队,该团队的工作主要是对 ERP 单据对接、基础资料设置、经营报表、业务单据等方面进行优化升级。

阿米巴经营模式使用的台账制度,简单来说就是根据各个不同的经营科目进行单式记账,准确记录各个阿米巴组织的收、支、余,就像家庭记账一样简单易懂。更重要的是,这种记账方式操作起来非常方便,记账效率得到了极大提升。

汪洋老师为中国地质集团中东分公司落地阿米巴经营模式

经营台账中的数据与经营报表中的数据是一一对应的,且其中的所有数据都是实时更新的。每一位拥有权限的员工都能实时查询其中的数据,能够知道自己所在的阿米巴组织本月收入多少、支出多少、余额多少,月度、季度、年度目标有没有达成,如果没有达成,距离目标还差多少。了解这些之后,员工才能更好地开展工作。这样的方式能够实现真正的全员参与经营,如玻璃般透明的经营。在软件的支持下,收入、收款、付款、采购、公摊、报销以及内部交易所涉及的所有数据,都可以实现智能记账,极大提高了效率。

该企业很多年前,就意识到了变革的重要性,意识到要朝着精细化核算的方向发展,所以很久以前就开始对阿米巴经营模式进行研究,最终成功打造出了实时收集经营数据的系统,可以自动统计各个阿米巴组织的月度、年度核算数据,将各个阿米巴组织的经营情况实时呈现给每一位员工。有了这些数据,经营者可以在第一时间了解到各个阿米巴组织的经营情况,从而快速做出反应。

该企业使用阿米巴经营核算软件后,数据收集与整理的效率大幅提升,工作效率也随之提升。更重要的是,所有数据都是能够实时调用的,为企业制定经营计划提供了强有力的数据支撑,让领导者能够更好地根据数据调整目标、发展计划和战略。

相关数据显示,"中东项目"企业导入阿米巴经营模式后,业绩增长达到50%,员工收入提高了 24%,改善创利突破 1500 万元。

第4章 经营会计：以独立核算指导自主经营

所谓阿米巴经营核算表，就是指阿米巴经营会计报表。要想使用阿米巴经营模式，那么阿米巴经营会计是一个必不可少的工具。"销售最大化、费用最小化"是阿米巴经营会计最基本的原则。领导者在做决策的时候，通常会以阿米巴经营会计报表为依据，因此在编写阿米巴经营会计报表的时候，一定要结合当下的市场数据，要能实时体现出市场变化情况，并在第一时间将这一情况传递给现场，以便现场快速做出反应。

稻盛和夫认为，经营企业的过程就是一个寻找有效的方式提升销售额、降低费用的过程。稻盛和夫在经营京瓷的过程中，始终贯彻"销售最大化、经费最小化"这一原则。这个原则看起来非常容易，但做起来却很难。也正是因为京瓷始终贯彻这一原则，所以在长达数十年的时间里仍然能够保持较高的利润水平。

4.1 核心逻辑:通过独立核算向每一个环节要利润

什么是企业经营会计?

企业经营的重中之重必然是会计,而经营会计与大家平时所了解的将企业的财务状况准确地反映给外界的财务会计并不一样,它主要是为了提高企业效益而建立的系统经营量化工具,核心逻辑在于通过独立核算向每一个环节要利润。

对于企业经营来说,首先要做到了解企业活动的真实情况,进而做出正确决策。但是,如果会计资料复杂,并且反映的经营状态不够准确,那么这份会计资料对于经营者而言意义不大。

松下电器的创始人松下幸之助曾经表示:"会计是经营的罗盘,会计处理须有益于经营。事业部(SBU)分权体制与会计决算制度表里一体,是松下电器经久不衰的经营秘诀。如果会计处理紊乱,即会招来经营的紊乱。"

事实上,不少企业管理者虽然具备管理才能,但是在专业的财务知识上还是略有欠缺。因此为了让管理者更容易了解财务数据蕴含的意义,进一步掌握企业的真实情况以及存在的问题,就要求对财务会计报表进行改造,使之成为简单易懂的数据信息。

这种情况下,经营会计或许是经营者了解企业活动真实情况的最佳方案之一。稻盛和夫曾经说过:"无论是在公司还是出差,我都第一时间查看每个部门的核算报表。透过销售额和费用,就可以像看故事一样明白那个部门的实际经营状态,经营上的问题也自然而然地浮现出来。"

如稻盛和夫所说,经营会计有助于经营者了解企业活动的真实情况,与财务会计、管理会计相比,其目的性更强,如表4-1所示:

表4-1　财务会计、管理会计和经营会计的目的性比较

	目的分析	对经营水平起到的提升作用
财务会计	其中的信息内容主要为企业外部利益相关者所使用,比如投资者、债权方、政府等,受到会计法约束。	十分有限

	目的分析	对经营水平起到的提升作用
管理会计	是在财务会计的基础上进行再加工,进而帮助企业管理者作出正确决策的重要信息,起源于欧洲,20 世纪 50 年代成形于美国。	有一定的推动作用
经营会计	为了提高企业效益,帮助企业成长,并在这一基础上力求财务的安全稳定性,进而建立起来的系统经营量化工具。与财务会计、管理会计相比,经营会计获取相关数据及其分析原理更加精准、有效,20 世纪 70 年代成形于日本。	有非常强的针对性

由此可见,经营会计报表的针对性比较强,企业管理者无需掌握专业的财务知识,也可以清晰了解企业的真实经营状况,从而促进经营。因此,企业应该尽快建立能够准确反映经营信息并且让企业管理者一目了然的经营会计系统,以此展开经营,帮助企业获得更健全的发展路径。

如果说经营一家企业好比操纵一架飞机,那么会计资料就是指引飞机前行的飞行仪表中的数据,需要实时将变化的相关数值反映给操纵者,比如飞机的高度、速度、方向等。那么,经营会计为何能具备这一功能呢?对于这一点,我们不妨先了解一下企业竞争力构造模型图与经营会计报表的结合情况,进而领悟其中的奥秘,如表 4-2 所示:

根据上述对阿米巴经营会计报表的分析,我们还可以总结出经营会计对企业发展的 3 大作用:

第一,有助于企业进行系统化"自我诊断"。

制定市场战略计划后,企业可以在高效完成目标的基础上,对当前的经营组织体制进行合理调整,让体制与经营计划相匹配,进而避免在经营过程中出现组织体制过于薄弱或者臃肿的状况。

第二,建构高效的系统经营组织体制。

企业引进经营会计制度,同时实现各部门、产品、流程之间的独立核算,相关经营者可以从自己的立场出发,通过了解会计数据所反映的情况,进而了解经营活动的实际情况,最终决定是否要根据实际情况做出最符合经营发展的相关决策。

表4-2　企业竞争力构造模型图与经营会计报表展示表

企业竞争力构造模型图				经营会计报表—简化版(举例)		

第三,是统一思维方式的有效工具。

在独立核算制度下,各个核算单位经营的损益情况、资产负债情况和现金流情况都会在不同时间段中有所体现。因此,经营者可以在计划实施前拟定更好的计划,实施过程中针对出现的偏差情况及时进行调整,事后还可以根据目标的完成情况进行评价。在这种经营体系下,全员经营的思维方式更容易走向统一。

阿米巴经营的本质是"哲学＋会计",会计之所以如此重要,正是因为每一个数字背后都有与之相对应的灵魂存在,通过构建完整的数据链,让企业的整体经营过程得以呈现。也就是说,经营会计不仅仅是数字,重要的是学会与其背后反映的内容碰撞。

因此,企业导入阿米巴经营会计,不是为了做表而做表,而是通过对数据的掌握,进而了解企业经营是否正常进行,费用是否还有缩减的空间,能否想办法扩大销售额等。换句话说,通过阿米巴经营会计报表,企业管理者能够更好地发现问题,并且进行进一步的分析,最后解决问题,推动 PDCA 循环经营,实现通过独立核算向每一个环节要利润的核心逻辑。

4.2　会计原则:经营会计指导阿米巴单元经营的 7 个原则

"会计学,和京瓷独创的'阿米巴'经营管理模式一起,渗透到企业内部,成为京瓷快速成长的原动力之一。"这是稻盛和夫曾经说过的一句话。由此可见,他之所以能够取得如此巨大的成功,和会计学密切相关。接下来,我就和大家聊一聊,在使用阿米巴经营模式时必须遵守的 7 个会计原则。

最近数十年,随着互联网的发展,我们已经进入全球化时代。在这个时代,任何企业在经营过程中都不可避免要与外部打交道,而外部环境又是时刻变化的,要想在外部发生变化时快速做出反应,就必须提升企业的灵活度。

稻盛和夫认为:"企业经营者必须正确把握自己企业实际的经营状况,在此基础上做出正确的经营判断。而要做到这一点,前提就是要精通会计原则和会计处理的方法。"

从这句话我们可以看出,在当今时代,会计对于企业来说非常重要,甚至可以将其称为企业的核心。打个比方,企业就好像是天空中翱翔的飞机,要想确保飞行顺利,就必须清楚地了解飞机目前所处的高度以及速度、飞行姿态、天气情况、方向、油耗等数据,并根据数据的变化实时进行调整。而这些数据必须要有专业的工具负责记录、提供,这个工具就是会计。如果在企业经营的过程中,会计提供的数据不准确或是不及时,那么就会对企业的经营造成巨大的影响。

虽然稻盛和夫不懂会计,但他依然表示:"不懂会计怎能经营企业!"稻盛和夫不懂得任何会计知识,但因为他是企业的经营者,想要企业能够顺利经营下去,就一定要了解会计是什么。所以,他开始思考会计问题,但思考的角度和他人不同,是以"做人何谓正确"的原则来进行思考的。他根本不去考虑会计制度规范,而是直接深入分析会计的本质。在很长一段时间里,稻盛和夫都在思考这一问题。后来,随着京瓷的不断发展,稻盛和夫的思考逐渐系统化为"会计7原则"(图4-2)。

图 4-2 经营会计指导阿米巴单元经营的 7 个原则

1. 以现金为基础经营

目前,绝大多数企业的会计都是以"年"作为时间单位的。会计的工作,主要是计算企业在一年中总共获得了多少收入,总共支出了多少费用,然后用收入减去费用,就等于企业的年度利润。根据会计制度的相关要求,无论是收入还是支出,成为可核算的收益和费用的时间与实际获得的时间是不一致的,这就会造成一种情况:实际现金与账面数字不符。这种情况很有可能导致从账面数字来看企业是盈利的,但实际现金却非常少。还有一种情况是,部分资产在账面上表示为资产,实际上该资产没有任何用处,甚至有可能是企业的负担。

绝大多数企业经营者根本没有考虑到这一点,他们在做决策的时候往往以账面上的数字作为依据,看到账面上显示的利润非常高,就打算通过借贷等方式获取资金,用于扩张企业、提升利润。但是这样获取的资金会受到资金供需变动、市场利率以及政府和银行的政策影响，如果出现了意外，企业的资金链很有可能就此断裂，轻则损失严重，重则倒闭破产。

因此，稻盛和夫认为，企业的经营者在做决策的时候一定不能只看账面数据，而是要以手上掌握的现金为基础，尽可能增加自有资本比率，确保自己的现金流量。

2. 一一对应的原则

如果企业是正常经营的，那么肯定会出现钱和物的流动。稻盛和夫提出的一一对应原则，就是指钱、物、票一一对应。

看到这里，或许有人会说："这不是废话吗？这些东西肯定要对应啊！"道理虽然如此，实际上绝大多数企业都做不到这一点。稻盛和夫表示："票据已经先行处理了，货物后来才送到；又或者相反，货物先送到了，票据却第二天才开。这种情况，即使在一流企业也会频频发生。这样的'票据操作'乃至'账簿外处理'，哪怕只允许一丝一毫，都意味着数字不过是一种权宜之计，想怎么改就怎么改。说得极端些，这样，这家企业的结算就不值得相信了。"

他之所以会这么说，是因为如果出现了不对应的情况，就有可能导致欺骗的发生。

举个例子，某企业某个月的销售数据不是很好看，于是找到一个信得过的客户，先开一张票据，把销售数据提上去，让账面变得"好看"一些，这对于企业和客户来说都没有任何损失，但却是一件违背道德的事情，这样的公司是没有未来的。稻盛和夫要求京瓷绝对不能出现这样的情况，他说："构建一个玻璃般透明的系统，使隐蔽或模糊事实的企图变得不可能。"无论如何，钱、物、票据都一定要做到一一对应，特别是对于赊购和赊销来说，每一笔订单对应的是什么东西都必须明明白白，绝对不能出现含糊不清的情况。

如果能够做到一一对应，那么数据就可以真实地体现出企业的经营情况，根据真实的数据做出的结算报表就可以真实地反映出公司的现状如何，以便经营者更好地做出经营决策。还有一点特别重要，始终坚持一一对应原则，可以在一定程度上增强公司的道德水准，使企业的员工之间能够相互信任，为企业的正常运作提供强有力的保障。

3. 筋肉坚实的经营原则

对于一家上市企业来说，如果想让股民对企业有信心，就必须通过各种各样的方式树立良好的形象。在这个过程中，无论通过什么方式来装饰形象，都会衍生出"赘肉"。稻盛和夫表示,经营者一定要形成一个坚强的意志,不要过于重视企业的形象,也不能过于夸大事实。为了贯彻筋肉坚实的原则,我们主要可以借助以下 5 个措施,如图 4-3 所示:

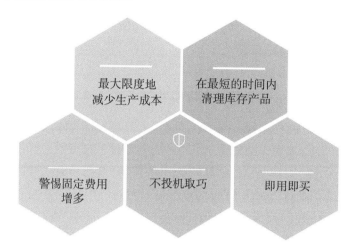

图 4-3　贯彻筋肉坚实原则可借助的 5 个措施

第一,在确保产品质量不受影响的前提下,最大限度地减少生产成本,使固定费用降低。对于这一点,京瓷主要通过采购二手货的方式实现。

京瓷刚刚成立的时候,因为资金不足,通常会选择购买二手设备。就工作效率来说,一手货与二手货相比,差距只有两三倍;但在价格方面,两者的差距高达十几倍。用全部资金购买一手货和用全部资金购买二手货相比,投资效率的差距并不大。如果企业追求使用一手货,那么固定费用就会大幅提升,盈亏平衡点也会随之大幅提升,这对于企业的持续发展没有任何好处。

第二,对于库存产品,一定要在最短的时间内进行清理。因为京瓷的生产方式是订单生产,所以一般来说,在生产的过程中不仅会根据正常的良品率进行生产,还会额外生产一批产品以备不时之需。这些额外生产的产品绝大多数都成为了库存。举个例子,某工厂接到了一笔订单,对方要求生产 10 万件产品,为了确保万无一失,该工厂一共生产了 11 万件,多出的这 1 万件绝大多数都成为了库存。虽然这些库存在质量方面没有任何问题,但却没有任何用处。稻盛和夫将这些库存称为"路边的石块",认为它们对企业来说并不是财富,而是垃圾。为了账面好看,会计们会将这些库存当成财产计入在内,库管人员也不会主动将这些没有任何价值的"石块"清理出去。所以,经营者应该主动对仓库进行检查,找出这些"石块"并及时清理出去,这就是稻盛和夫提出的"陶瓷石块论"。

　　第三,如果固定费用增多了,经营者一定要警惕。稻盛和夫所说的固定费用,一般是指人工费用和设备费用。他表示,如果盲目增加非生产员工的数量,盲目购买大量的设备,就会导致企业"虚胖"。如果出现了这种情况,经营者一定要高度警惕。

　　第四,不投机取巧,要用汗水赚取利润。稻盛和夫非常讨厌人们滥用"理财"这一概念,非常痛恨"风险投资"。在他眼中,风险投资等同于投机取巧。他之所以会有这样的看法,是因为在日本泡沫经济的时代,有大量企业投机取巧,通过贷款买下地皮,然后转手卖掉,把贷款还上后,还能剩下一大笔财产。这样的赚钱方式根本没有任何风险,也不需要付出任何汗水。但稻盛和夫坚持"只有自己额头流汗、辛勤工作赚来的钱,才能成为利润"。当时很多银行都劝说稻盛和夫投资房地产,但稻盛和夫表示自己绝对不会做这种投机取巧的事情。他面对巨大的诱惑无动于衷,仍然坚持本心,用自己的汗水赚取利润,正因如此,在泡沫经济的冲击下,京瓷并没有受到太大的影响。

　　第五,即用即买。稻盛和夫认为:"不要预算制度,需要花钱时,即时申请,即时裁决。"无论采购什么产品,稻盛和夫始终贯彻"即用即买",无论大量购买可以便宜多少钱,他都只买自己需要的量,绝不多买。

2019 年 5 月,阿米巴落地咨询班武汉站现场

4. 完美主义原则

稻盛和夫所说的完美主义,是指"不允许暧昧和妥协,所有工作都要追求完美,达至每个细节"。他认为经营者除了要从整体上掌控企业的发展方向,还需要掌握工作的细节。他还说过,如果企业的员工因为有事需要请假,而经营者无法代替员工完成工作,那么经营者就没有资格坐上领导的位置。除此之外,他还非常看重进度,对于提出的研究开发目标、销售目标和生产目标,都要求必须在规定时间内完成,不能出现任何差错,也绝对不会通融,否则"公司经营就会怠慢,公司内部纪律就会松弛"。对于会计提供的所有数据,经营者都必须认认真真、仔仔细细地审核,一定要确保万无一失。只要经营者能够严格地按照完美主义原则做好自己的工作,那么这一原则就可以渗透到整个企业中,使企业的全体员工都养成这一习惯。

5. 双重确认的原则

稻盛和夫始终坚持"以心为本"四个字。他表示,人的内心力量是最为强大的,但人的内心又是非常脆弱的。由于人心是脆弱的,因此必须建立强有力的制度对人心进行约束,防止出现不小心犯下巨大错误的情况。为了做到这一点,京瓷采用了"双重确认"制度,无论做什么事情,都必须由两个或两个以上的人或部门共同审核,共同确认,以确保工作万无一失。具体来讲,在处理进出款项的时候,一定要由单独一人负责管钱,单独一人负责开票,不能由一个人同时负责管钱和开票;在计算每日现金余额时,票据数额一定要与现金余额相同,还要保证所有时间都能对得上;任何需要用到公司印章的地方都必须得到两位高层领导的同意;在采购方面,当部门有采购需求时,首先要向采购部开具委托购买的票据,然后交由采购部的工作人员进行采购,有需求的部门不能私自进行采购;在收购与赊销款项的收付方面,一定不能由公司的销售人员进行处理,所有款项都必须交由公司的财务部进行处理;在废料处理方面,一定要对金额和数量进行双重确认,甚至投币电话和自动售货机的现金回收,也一定要由两人共同确认。稻盛和夫表示,之所以要使用这样的方式,并不是不信任员工,而是为了约束人心脆弱的一面,"是经营者对员工的关爱之心,是不让员工犯罪的善的信念"。

6. 提高核算效益的原则

稻盛和夫表示:"阿米巴的经营计划、业绩管理、劳务管理等所有经营上的事都由他们自己运作。"在"单位时间效益核算制"的影响下,企业的效益得到了巨大的提高。在阿米巴经营的"每一位员工都是企业的主人"这一理念的影响下,企业的经营是透明公开的,每一位员工都能了解企业的经营情况。在这里需要强调一点,阿米巴经营是将市场规则引入企业内部,让企业内的每一个部门都成为一个阿米巴,参与到市场经营中,但这并不意味着阿米巴与阿米巴之间需要进行激烈竞争。独立核算是为了体现出阿米巴对公司的贡献。各个阿米巴需要合力为企业做出更大的贡献,而不是争个你死我活,损害企业利益。

7. 玻璃般透明的经营原则

要想让经营变得如玻璃般透明,财务上就必须做到光明磊落,一定不能出现造假的情况。在阿米巴经营模式下,企业的领导层应该知道员工在做什么工作,员工也需要了解企业的领导层在做什么工作。

很多经营者在公司规模扩大后,不知道应该通过什么方式才能做到信息公开和透明,这令他们非常苦恼,而稻盛和夫提出的阿米巴经营很好地解决了这个问题。不过,要想让各个阿米巴能够正常运转,就必须通过各种各样的方式确保公司的整体信息可以在第一时间传递给公司的所有员工。

员工之间的相互信任是推行阿米巴经营模式的基础。公司的领导层是否能够做到将所有信息如实地公布给每一位员工,并以身作则,决定了领导层是否能够获取员工的信任。稻盛和夫认为:"经营者带头奋斗的身影,员工们会一目了然。"很多领导者因为各种各样的原因,希望对公司的经营情况进行保密,不愿将相关信息公布给员工。稻盛和夫认为这样的做法是不对的,员工不清楚企业的实际情况,就无法与领导者产生情感共鸣,更无法激发出工作积极性。

为了贯彻玻璃般透明的经营原则,稻盛和夫一直强调,身为领导者一定要以身作则,要严格要求自己,并且要做到将企业的经营情况、发展目标以及领导者在做的事情如实地传递给每一位员工,就算有"不好的消息",也一定要让员工了解。

4.3 构建方法:经营会计报表与传统报表的不同

前面我们说过,要想推行阿米巴经营模式,经营会计是一个必不可少的工具,它能够系统地反映出阿米巴的经营情况。需要注意的是,阿米巴经营会计与西方传统的管理会计、财务会计有很大的区别。经营会计是日本"经营之神"松下幸之助创造出来的,其根本目的是推动经营提升。松下幸之助提出了经营会计之后,马上引来了全世界的关注,因为这一会计系统的出现解决了两大世界性难题,如图 4-4 所示:

一是如何通过量化的数据来贯彻经营者的意志

二是企业家如何一目了然地掌握经营实际

图 4-4　经营会计系统的出现解决的两大世界性难题

对于企业来说,经营会计最大的作用就是在第一时间将数据传递给现场,以便现场快速做出反应以应对市场的变化。阿米巴经营会计系统可以充分体现出阿米巴整体经营状况,准确地列出各个阿米巴的损益情况,并且将数据简化,让每一位员工都能看懂这些数据,进而使员工更好地根据数据做出决策。因为在阿米巴经营模式下,每一位员工都是公司的主人,所以一定要及时了解公司的情况,这样才能做出准确的判断,这也是阿米巴经营的核心。

我们依然将企业比作飞机,经营企业的过程就是驾驶飞机的过程。机长要想让飞机顺利飞行,就必须时时注意驾驶舱仪表上的各种数据,任何一个数据出现了差错,就有可能导致飞机坠毁,而如果没有这个仪表,机长就不知道目前所处的高度、飞行的速度、天气情况等信息,相当于一个瞎子在开飞机。看到这里,相信大家已经明白了数据对企业的重要性,因此我们说会计是企业经营的核心。经营者在做决策的时候,如果没有真实有效的数据作为依据,那么做出的决策大概率是错误的,严重的甚至会导致企业遭受巨大的损失。

一般来说,传统的财务会计报表中包含大量专业数据,要想认真阅读,可能需要花上几个小时,而部分经营者根本不懂会计,根本没有办法在大量数据中提取出有用的信息。他们不清楚企业的什么业务是盈利的,什么业务是亏损的,什么业务应该扩大规模,什么业务应该控制收缩。而阿米巴经营会计则不同,这个工具能够对数据进行简化,让企业的经营者,甚至每一位普通员工都能看懂,并且在实际工作中以数据为依据做出决策,最终绘制为简单易懂的阿米巴经营报表,在数据的支持下推动企业发展。具体来说,传统的财务会计报表与阿米巴经营报表之间的差异包括以下几个方面,如表4-3所示:

表4-3 传统的财务会计报表与阿米巴经营报表之间的差异

比较要素	财务会计报表	阿米巴经营会计报表
报告对象	对外有关部门和权益相关人	各级巴长
制作者	财务会计部门	巴长
计算准则	相关法律、法规	公司内部规定
计算对象	公司的综合财务报表	各巴的经营报表
功能	反映经营状况	分析与改善
报表周期	月、年	日、周、月、年

1. 目标对象方面

一般来说,传统的财务会计报表中的数据只反映企业的经营业绩和财务状况,服务对象是企业的高层领导,如经营者、股东等人。

而阿米巴经营报表中的数据会真实地反映出各个阿米巴的情况以及企业的整体情况,任何一个在企业中有经营行为的人,都是阿米巴经营报表的服务对象。

在这里,我需要强调一点:对于企业来说,阿米巴经营会计报表的最大价值并非其提供的数据有多么真实、多么准确,而是能够有效激发出每一位员工的经营意识,让他们有参与感,了解自己的努力工作为企业带来了多少价值。

2. 计算周期方面

通常情况下,传统财务会计是以年、季、月为周期进行计算的,其中的最小时间单位是"月",这就意味着当市场发生变化时,数据无法在第一时间体现出来。

而经营会计是以年、月、周、日为周期进行计算的,其中的最小时间单位是"日",这就表示其中涉及的数据永远都是最新的数据,为经营者提供真实有效的数据,以便其更好地做出决策。

3. 合规方面

正常来说,传统财务会计是以财务报表规则、企业会计原则、税法、商法等为依据来设计会计科目的;而经营会计是以企业的组织、规模、业务种类、区域、主要产品等为依据设计出的,可以对各个阿米巴的收入、成本进行独立核算的会计体系。

4.原则和科目方面

传统财务会计一般是先做核算,再做预提;而阿米巴经营会计一般是先做"预计"和"预提",然后再做成本核算。接下来给大家举两个例子,解释一下什么是"预计",什么是"预提"。

某企业负责销售的阿米巴预计本月的销售额能够达到 1 万元,那么在编写经营会计报表的时候,如果以"周"为单位,这 1 万元就需要分为 4 周进行计算,每周的预计销售额是 2500 元。这是填写在阿米巴经营会计报表中的数据,但这只是预计,如果实际销售额与预计不符,那么无论是超过了预计还是没有达到预计,都需要再进行一次统计。

某企业的阿米巴每年的外部质量损失成本为 10 万元,但能为企业带来 100 万元的营业额,那么在经营会计报表中,我们可以先"预提"10 万元。但是,这 10 万元的损失究竟发生在什么时候,我们无法确定。

所以,我们只能将一年损失的成本平均分配到每个月中,也就是将 10 万元划分为 12 个部分;如果以"周"为计算单位编写经营会计报表,那么还需要再一次进行划分,把每个月要承担的成本再划分为 4 个部分。也就是说,这 10 万元一共被划分为了 48 个部分,平均分配到每周的经营会计报表中。

我们之所以要做预计和预提,是为了更准确地反映出企业的经营情况。如果不做预计和预提,等到一切都发生之后再进行统计,那么阿米巴经营会计报表就没有任何价值,不能及时、准确地反映出企业的经营情况。做了预计和预提,才能让各个阿米巴及时根据数据对经营策略进行调整。

4.4 量化分权:利用阿米巴经营会计报表进行量化分权

在阿米巴经营模式下,企业的每一位员工都成为了企业的主人。在变幻莫测的市场环境中,数据是非常关键的,有了数据,才能在第一时间了解企业的经营状况,并根据经营状况快速进行调整,以适应市场的变化。

数据从何而来？主要来源于经营会计报表。经营会计需要对企业的经营情况进行实时统计，并制作经营会计报表，充分反映出企业每天的经营情况，以便企业的经营者及时做出调整。

在阿米巴经营模式中，每一位员工都拥有经营企业的权利，因此，即使是普通员工，也要对自己的工作内容有一个准确的统计和计划，统计前一天的工作内容之后才可以制定当天的工作计划，有了计划就有了努力的目标。这样的方式可以让每一位员工都清楚地知道自己每天应该要做什么。

更重要的是，员工是企业的经营者，应该注意企业的经营数据，努力提升经营利润，这样才能增加经营业绩。

一个人的工作情况如何，可以从他的经营数据中直观地看出来。在报表中，正数代表盈利，负数代表亏损，我们只需要看是正数还是负数就可以知道盈亏状况。

"收益最大化，经费最小化"是阿米巴经营的最终目标，单位时间核算表能够准确体现出这一目标的推进程度。要将收益和经费的变化明确到每个阿米巴，使每个阿米巴都能知道自己的努力工作使收益提升了多少，经费降低了多少，这样才能做到真正意义上的量化分权，培养经营者的能力。

打造发展的空间

通过什么方式才能实现收益最大化、经费最小化？这不只是企业需要思考的问题，同时也是员工必须思考的问题。如果企业使用的是传统的管理模式，那么在召开员工大会的时候，领导者就会说，这个月的目标是赚到多少收益，降低多少费用，如果能够达成这一目标，员工可以得到多少奖励。

在这样的模式下，员工只是被动接受管理层下达的指令，只需要按照管理层的指令去做就行了，至于最终能否实现经营目标，员工根本不清楚。企业的经营者不了解企业的经营状况，只是把自己的经营目标转变为员工的工作目标，员工也不知道为什么要这样做。

因此，在传统的管理模式下，员工听到最多的一句话就是："各位加油干，如果做好了，企业绝对不会亏待大家的。"什么叫不会亏待？如果能把事情做好，是可以升职还是加薪，或者是得到其他奖励？员工根本不知道。没有明确的奖励，员工就不知道自己是为了什么在努力，所以，这样的方式根本无法激起员工的积极性。

这就是阿米巴经营的优势所在。通过量化分权,让员工拥有相应的权力,让企业的利益与员工的利益紧紧地结合在一起,让每一位员工都成为企业的经营者,与企业共同发展。正所谓"众人拾柴火焰高",经营者的能力再强,精力再旺盛,也不可能做到面面俱到,不可能完成企业的所有工作。所以,员工的力量才是企业最强大的力量,让员工拥有经营权,让员工对企业进行经营,才能让企业更好地发展。

分权是为了更好地集权

之所以要进行分权,是为了让经营者能够准确了解企业的经营状况,做出正确的经营决策,以推动企业的发展;之所以要进行集权,是为了统一企业中每一位员工的发展方向和奋斗目标。经营者所扮演的角色,其实是一个"指导员"。员工在经营的过程中,面临重大问题而不能做出决定的时候,就需要经营者提供指导,教会他们如何去做。

从本质上讲,阿米巴经营是一个责任系统,通过量化分权、独立核算的方式,让员工成为企业的主人,让员工自主经营。除此之外,通过透明经营的方式,让每一位员工都能准确地了解到企业目前的情况,更准确地做出决策。

阿米巴经营模式让每一位员工都成为了经营者,老板只需要对他们的工作进行监督,注意日常经营情况,指导员工对工作中的不足之处进行改正,就能确保企业正常运转。除此之外,每一位员工都能轻而易举地参与到企业决策中,制定个人工作计划或阿米巴经营计划。

在这种情况下,每一位员工都有清晰的目标,为了企业更好地发展而努力。

员工与企业成为了一个命运共同体,共同进步,共同发展。在这种情况下,企业应该通过什么方式发展,不再只是领导层需要思考的事情,而是每一位员工都需要思考的事情。所有员工都能了解企业究竟要朝着什么目标发展,自己应该如何努力才能实现这一目标。当整个企业上下一心,为了一个共同的目标而努力时,还愁无法发展吗?

阿米巴经营做到量化分权的过程如图 4-5 所示。

首先是划分阿米巴组织,这是整个流程的起点,也是最重要的一点。阿米巴经营的本质就是结合企业的实际情况,将整个企业划分为无数个阿米巴组织,自

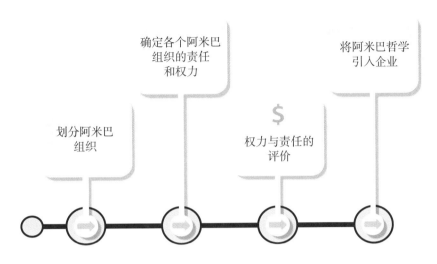

图 4-5　阿米巴经营做到量化分权的过程

负盈亏,独立经营。各个阿米巴之间进行内部交易,直接将市场竞争压力传递给每一个阿米巴,并引入市场化运作机制,让所有阿米巴组织都有工作的动力和压力,激励阿米巴进行外部竞争,提高整个企业的竞争力。在对阿米巴组织进行划分的时候,有几点是必须做到的:确定阿米巴组织拥有的权力,需要承担什么责任,能够获得什么利益;界定各个阿米巴的义务和权力;如果多个阿米巴共同为企业创造了收益,明确该收益应该如何分配等等。

在阿米巴经营模式下,权力被下放给了各个阿米巴组织,行政权力体系的地位被大幅削弱,各阿米巴独立经营。除此之外,在信息透明化的影响下,每一位员工都能了解企业的经营状况,参与到经营的过程中,发挥自己的聪明才智,为企业带来更好的发展。

其次是确定各个阿米巴组织的责任和权力。各个阿米巴在经营的过程中都必须以企业的经营计划为依据,企业的老板需要制定年度利益计划和年度经营计划,并根据这一计划为每一个阿米巴进行量化分权,确定每一个阿米巴组织的权力和责任,然后召集所有员工,签署授权协议,在协议中明确标注悲观预期,提出完善的计划,并提出所针对的特定对象,签署绩效合同,将经营的权力下放给员工。

员工得到经营的权力后,需要按照企业的年度利益计划和年度经营计划开展经营活动,并在规定时间内完成计划中的经营利润、固定费用等目标。

在这里要强调的是,真正的赋权一定要做到责任与权利相统一,如果只授予员工权力而不需要员工承担任何责任,那么肯定会出大问题,所以,量化分权一定要做到权力与责任同步分配。

再次是权力与责任的评价。经营会计报表是推行阿米巴经营最关键的工具。当员工得到相应的权力后,就需要对相应的项目进行管理。首先需要制定发展目标和发展方向,然后带领阿米巴组织的各个成员执行这一方案,最后编制独立核算报表,对业绩进行统计。在这之后,再根据独立核算报表制定接下来的发展目标和发展计划。需要注意的是,制作数据报表后,如果发现其中的数据非常不理想,就必须在第一时间进行检讨,思考为什么会出现这样的情况,离目标有多少差距,找出存在的问题并及时改正。

最后是将阿米巴哲学引入企业,使员工的思想得到升华。阿米巴哲学是阿米巴经营模式的基础,要让每一位员工都了解什么是“敬天爱人”,引导每一位员工热爱工作、热爱生活,激发员工的工作热情,培养员工的利他之心。组织学习会,培养员工“经营者必需的资质”。每一位经营者都要养成值得员工尊敬的品质,要拥有无论发生任何情况都要实现计划的坚定意志。让全体员工学习阿米巴哲学,可以激发其工作热情,使各个阿米巴之间形成强大的凝聚力,使员工具备强烈的责任意识。

4.5 岗位职责:阿米巴组织经营会计岗位的主要职责

经营者在经营企业的时候,看重的是经营的结果,如果结果不好,那么过程中做得再好都是无用的。经营者需要的是能够充分反映出企业经营状况的数据,是可以作为决策依据的数据。

因此,我们应该学习王永庆、松下幸之助、任正非、稻盛和夫等伟大企业家的精神,他们总是在问:“会计本该如此吗?”“经营的本质是什么?”

在了解阿米巴组织经营会计岗位的主要职责之前,先让大家看一个案例:

某企业成立于 1993 年,是一家制造企业,主要业务是生产生化设备。20 年间,该企业从一家不知名的创业企业发展为行业内市场份额第二大的企业。

但是，最近几年，市场竞争越来越激烈，外部环境变化越来越快，该企业的市场规模虽然在不断拓展，但利润一直没什么变化，企业经营者不知道问题究竟出在什么地方。

为了解决这一问题，他们找到了一家咨询机构，该机构对企业进行调研后，终于发现了问题：企业的仓库中有大量的存货，全都是前几年积压下来的，一直没有处理，足足占据了 5 个大仓库的位置。

这些存货直接影响了企业的利润和现金流，这就是为什么人们说存货并不是企业的财富，而是企业的垃圾。但最重要的是，这些存货究竟是如何产生的，是谁产生的，根本没人知道，找不到人承担责任，就无法处理。通过什么方式才能解决这一问题呢？要解决问题，必须先知道问题出现的原因。

2019 年 11 月，阿米巴落地咨询班贵阳站现场

问题的根本原因在于：该企业的销售部是按销售额提成的，这就导致销售根本不考虑库存的数量，库存多少与他们没有任何关系，甚至库存越多他们越开心。因为库存多就代表现货多，只要客户有需求，就可以直接交货，能够很快赚到钱。如果问销售部为什么会有这么多存货，他们会说出一个非常华丽的理由：快速响

应客户的需求。

因此,如果销售部仍然使用按照销售额提成的方式,就无法解决库存多的问题。站在员工的角度想,存货的多少与自己的利益没有任何关系,只和老板的利益有关系,自己为什么要去操心存货的多少? 站在老板的角度想,自己赚来的利润全部压在货里,销售部为什么不能努力一点,摸清客户的需求再进行生产,减少存货的数量呢?

是销售部不够努力吗? 并不是,最主要的原因是销售部的业绩指标只有一个——销售额,他们只看销售额,根本不考虑其他。我们再来看看生产部,该部门是根据预算完成生产的,给多少预算就做多少货,顶多在生产的过程中控制一下成本,使生产能力得到一点提升。这样看,两个部门都没有问题,销售部把货卖出去,完成了自己的任务;生产部把货生产出来,也完成了自己的任务。那问题究竟出在什么地方? 根本原因在于:各个部门的工作都是独立的,没有形成一个整体,也没有一个标准可以对每个部门、每个环节的利润指标进行量化,大家都是各做各的,只顾做好自己的本分,都抱着"企业利益与我无关"的想法。

之所以会出现这样的情况,并不是员工的问题,而是老板的问题。企业中的每一位员工都有自己的小目标,而他们的小目标和企业的发展目标不一致,员工只考虑自己的利益而不考虑企业的利益,这就是导致大量库存积压的原因。企业要想取得发展,就必须确保企业的目标与员工的目标保持一致,大家共同努力朝着一个目标迈进,才可以取得成功。因此,经营会计这一岗位的工作职责,就是设计一个完善的会计体系,统一整个企业的目标,让大家朝着共同的方向发力,具体做法主要有:

1. 推行阿米巴经营会计体系,并确保该体系能够在企业内部顺利执行。

2. 以阿米巴经营会计规则为基础,对各个阿米巴的结算单据进行统计、审核,确定各个阿米巴的收入与支出数据。

3. 贯彻落实阿米巴经营会计的核算、分析工作。

4. 与财务合作,制定财务预算,确定财务目标。

(1)以企业整体的生产经营目标为基础,确定各个阿米巴的预算、目标利润和目标成本。

(2)制定增收节支的具体措施,并传递给所有阿米巴,确保阿米巴能够达成利润目标和成本目标,最终使企业整体的经济效益得到提升。

5.制定成本控制措施,并落实到每一个阿米巴,对其进行价值分析。

(1)以阿米巴经营会计规则为基础,设计一套科学、合理、完善的成本控制体系,对各个阿米巴的成本进行控制,确保各个阿米巴能够达成预定的利润目标和销售目标。

(2)对产品进行价值分析,根据不同的销售区域对利润进行分析。

6.对各个阿米巴的经营业绩进行评价,对各个阿米巴的实绩和成果进行考核。

(1)根据企业的实际情况制定责任预算,确保企业的经营目标得以顺利实现。

(2)对各个阿米巴的业绩报告进行审核,对比预算数和实际数,对各个阿米巴的经营效果和工作实绩进行评价、考核。

4.6 【案例】经营会计在装饰机械企业中的应用

青岛 A 集团是一家专业生产汽车及座椅零部件的企业,两种产品分别占全球市场份额的 30% 和 55%,产品畅销中国大陆和台湾地区,并远销德国、美国、澳大利亚、英国、西班牙、巴西、印度、韩国等国家。公司的生产技术、检测水平均达到国际先进水平,处于行业领先地位。多年的快速发展使 A 集团面临 4 大瓶颈,也可以说是 4 大诉求,如图 4-6 所示:

图 4-6　A 集团发展的 4 大瓶颈与诉求

1. 产品核算

集团一直希望实现对单个产品成本的核算,真实把握各种产品的成本情况。

2. 培养人才

在管理中存在员工缺乏责任心、工作积极性不高的情况。

3. 海外拓展

建立一套现代化的管理体系,夯实经营管理基础,推进海外的业务扩展。

4. 提高利润

通过阿米巴经营系统,降低生产过程中的不良率,减少浪费,提高利润率。

我们通过为青岛 A 集团服务,导入阿米巴经营会计,解决了以上诉求,并且给企业带来极大的启发:经营会计既是一套非常简单实用的工具,又是一套必须熟练掌握的、培养全员技能的体系。

第5章/内部交易：
传导市场压力，各单元贡献清晰化

　　企业在制定内部交易机制的过程中，一定不能盲目照搬其他企业的方法，而是应该以企业自身为出发点，对企业内部的管理制度进行不断优化，指导各个阿米巴组织提升自身的经营管理水平，共同为企业而努力奋斗。

5.1 基本思路:阿米巴内部市场的5大意义与4大核心本质

稻盛和夫展开阿米巴经营时把企业中的单元划小,单元和单元之间产生内部交易,通过这种方式将外部市场的压力传递到内部,同时改变了单元之间的角色心态,从传统的交付变成了内部交易,因此产生了虚拟的核算和内部交易定价,让企业经营现场的数据能够更清晰地呈现。具体来说,阿米巴内部市场化有5大意义,经营者一定要清晰地了解。

第一,能够持续导航,实时对经营过程中产生的偏差进行纠正;

第二,通过虚拟公司、虚拟核算、数字经营培养经营能力和经营人才;

第三,通过数字呈现、数字对标洞察费用黑洞,展开循环改善;

第四,将外部市场的压力在阿米巴之间进行联动;

第五,通过市场行为逆向对企业内部进行监督和激活。

除此之外,经营者还应当了解内部交易的核心本质,具体包括4点:

第一,形成虚拟的市场;

第二,传递市场的压力;

第三,提升经营的能力;

第四,强化全员的经营意识。

5.2 收入划分:什么是阿米巴的对内收入与对外收入

在阿米巴经营模式下,每一个阿米巴组织都是一个独立的利润中心,自主经营,自负盈亏。既然是自主经营,那么阿米巴就不仅能进行内部交易,还能进行对外销售。如果一家企业能够将阿米巴模式运用到炉火纯青的地步,那么该企业的所有阿米巴组织都是能够对外经营的,除非阿米巴组织的业务涉及企业的核心机密或核心技术。

我们以人力资源部为例,该部门除了能够完成企业内部的招聘工作,还可以扮演猎头公司的角色对外经营,从中赚取一定的利润。但需要注意的是,在对外经营的过程中，千万不能将本企业的人才转移给其他企业，这是损害本企业利益的行为。

比如，某阿米巴生产的产品不仅能销售给内部的其他阿米巴，还能销售给外部的其他企业，但在对外经营的过程中，绝对不能将企业的独特配方透露给外部。

总而言之，在阿米巴经营模式下，每一个阿米巴都可以有两种收入：一种是内部收入，另一种是外部收入。内部交易获得的收入就是内部收入，外部交易获得的收入就是外部收入，如表5-1所示：

表5-1　收入科目表

项目	收入分类	产品分类	单价	数量
内部收入	产品收入	产品 A		
		产品 B		
	服务收入	服务 A		
		服务 B		
	其他收入			
外部收入	产品收入			
	服务收入			
	服务收入			

1. 内部收入

简单来说，内部收入就是企业内的各个阿米巴之间进行交易而产生的收入，也就是收入来源于企业内部，表现形式为阿米巴将产品销售给内部的其他阿米巴或向内部的其他阿米巴提供服务的结算单据。对于销售产品或提供服务的阿米巴来说，这就是收入；对于购买产品或接受服务的阿米巴来说，这就是支出。

2. 外部收入

简单来说，外部收入就是阿米巴组织向外部市场销售产品或提供服务而产生的收入，也就是收入来源于企业外部，表现形式为阿米巴在对外销售产品或提供服务时签订的合同收入，或是直接对外取得的收入。

关于收入核算标准,可以参考以下内容来制定:

1. 内部收入

内部交易产生的收入主要是根据各个部门的内部结算项目进行会计核算的,对提供产品或服务的阿米巴进行收入核算,对购买产品或服务的阿米巴进行支出核算,也就是我们所说的"内部交易支出"核算。该工作主要由企业内的管理会计负责完成,管理会计需要制作一份清晰明确的账本,还需要定期与统计对账,每一笔账单都要相符。

2. 外部收入

外部交易产生的收入主要是根据各个部门的收入项目进行会计核算的。该工作要由企业内的管理会计与财务会计共同负责完成,同样需要制作一份清晰明确的账本,定期进行对账,每一笔账单都要相符。除此之外,统计还需要定期在财务部门取数。

3. 收入计量

每一笔收入都一定要有相关的交易凭证,收入通过"金额"体现,用"元"为计量单位,如果在确认收入的过程中涉及数量,那么就必须在交易凭证中明确记载数量的多少以及金额的大小。

5.3 交易定价:阿米巴内部定价的核心本质及原则、方法

需要强调的是,内部定价是阿米巴经营的一大重点,同时也是一大难点。阿米巴经营的本质,是将企业划分为无数个阿米巴,并引入市场机制,让各个阿米巴在企业中完成内部交易。因此,阿米巴的利润和业绩完全取决于内部价格,这也是阿米巴内部定价的核心本质。

内部定价,是指企业中的各个阿米巴组织在相互交易的过程中的计价标准,主要作用于管理型阿米巴、生产型阿米巴、技术型阿米巴和销售型阿米巴,主要包括服务收费价、内部收购价、产品销售价、物资采购价和契约协议价等。

对于推行阿米巴经营的企业而言,内部定价是至关重要的,其作用主要包括

以下 3 点，如图 5-1 所示：

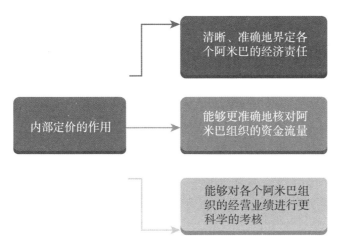

图 5-1 内部定价的作用

1. 清晰、准确地界定各个阿米巴的经济责任

从某种意义上讲，内部定价其实是一个计量标准，能够清晰地反映各个阿米巴生产的产品或提供的服务的价值。一方面，该价值能够体现出负责生产产品或提供服务的阿米巴完成了自己应负的经济责任；另一方面，该价值意味着接受产品或服务的阿米巴开始了自己的经济责任。

2. 能够更准确地核对阿米巴组织的资金流量

所有阿米巴组织在经营的过程中都会产生成本，占用企业的资金。有了内部定价后，企业就能以内部定价为依据，核对某个时间段内各个阿米巴组织的资金流入量和资金流出量，并且能够根据资金流入量、资金流出量和资金周转需求，科学地分配各个阿米巴组织的资金占用量。

3. 能够对各个阿米巴组织的经营业绩进行更科学的考核

阿米巴组织能够将自己生产的产品或提供的服务的价值计算为自己的"收入"，将为了生产产品或提供服务而花费的成本计算为自己的"支出"，从而更准确地判断自己的经营业绩。

内部定价如果定得不好，很有可能导致内部交易无法顺利完成，进而导致阿米巴经营的失败。因此，我们在制定内部价格的时候一定要谨慎，要高度符合企业的管理制度、内部控制制度和经营发展战略，要以历史数据为依据，以外部市场价格为参考,进行深入全面的分析,最终才能制定出一个合理的内部交易价格。

各个阿米巴之间的内部交易应该通过什么方式进行定价,这一点是公司高层需要思考的问题,并且高层必须对各个阿米巴经营业务都非常熟悉。高层需要以内部定价原则和方法为依据,充分考虑阿米巴组织所需要的劳动力支出和经费支出,最终制定一个合理的、公平的、令人信服的售价。阿米巴内部定价要想做到公平、合理,就一定要以市场价格为依据,根据历史定价进行历史毛利逆算定价、售价还原倒推比例定价、管理服务部门有偿定价、公共费用科学分摊,使最终的价格能够令所有阿米巴信服。需要强调的是,在进行阿米巴内部定价的过程中,一定要与各个阿米巴进行协商,并不断地协调,确保各个阿米巴的利润都不会受到损害,彼此之间不会发生冲突。

举个例子,某生产制造企业在划分阿米巴组织的时候,是以工序为依据的,将不同的生产工序划分为不同的阿米巴组织。那么在该企业中,各个阿米巴之间的交易关系就是半成品的购销关系。在这种情况下,所有阿米巴组织都想最大限度地提升自身的核算。所以,制定一个合理的、科学的、公平的售价是十分关键的,这个售价一定要让所有阿米巴都同意。

在制定各个阿米巴之间的售价时,最应该做的就是先算出销售给客户的最终售价,然后再以该售价的基准进行倒推计算。某制衣厂生产一件衣服,需要经过原料采购阿米巴、原料加工阿米巴、裁缝阿米巴和成衣销售阿米巴这 4 个组织。最终的成衣售价为 100 元,那么各个阿米巴之间就要以 100 元为依据,依次制定各个阿米巴组织的销售价格。需要注意的是,制定了内部价格后,各个阿米巴之间的交易都是以这个价格为标准的,所以在确定最终的内部价格时一定要谨慎。

除此之外,在进行内部定价的过程中,为了避免出现内部交易时恶意提价的情况,最终制定的内部价格必须是所有阿米巴都认可的。制定内部交易价格的领导者一定要全面考虑所有阿米巴的经营情况,比如完成业务必要的人力资源、必要的经费支出,以及产品生产的技术难度等,还需要将内部价格与市场价格进行比较,这样才能制定一个公平的价格。

在阿米巴经营模式中,一个阿米巴能够为企业创造多少利润,决定了其业绩,而阿米巴能够创造多少利润,又取决于内部交易的价格。因此,内部交易的价格是非常重要的。这个价格是否合理,直接决定了阿米巴的业绩,直接影响到员工的利益。如果内部交易价格不合理,就有可能导致阿米巴为了自身的利益而损害企业的利益,这对企业来说是非常严重的。一方面会导致企业内部出现内耗,另一方面会对阿米巴员工的创造性和积极性造成巨大打击。所以,我们在制定内部交易价格的时候,一定要遵守以下 5 个原则,如图 5-2 所示:

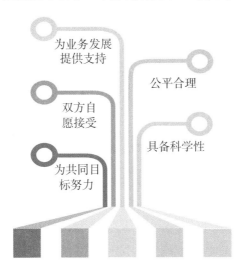

图 5-2　制定内部交易价格的时候要遵守的 5 个原则

1. 为共同目标努力

企业的高层在制定内部交易价格的时候,不仅需要考虑企业的整体利益,还需要考虑阿米巴组织的利益,一定要确保两者的利益不会发生任何冲突,因为两者的利益是相辅相成的。在进行内部定价的时候,一定要把企业下达的各项指标一项不落地纳入内部定价的测算过程,其中主要涉及几个指标:消耗、质量、人员、产量和费用。这样才能确保各个阿米巴可以对企业下达的经营目标进行有效分解,并努力实现这一目标。除此之外,企业还必须对内部定价进行不断调整,以确保阿米巴的利益与企业的整体利益保持一致,确保阿米巴的经营目标与企业的发展目标保持一致,确保在阿米巴发展的同时,企业也能得到发展。

如果企业制定的内部价格无法令所有阿米巴信服,就会导致阿米巴的工作积极性创造性遭到打击,甚至导致阿米巴做出损害企业利益的行为。如果阿米巴的利益与企业的利益出现了冲突,企业就必须对内部交易价格进行调整,直至双方的利益和目标保持一致。

2. 双方自愿接受

内部交易价格一定是供求双方都满意、都能接受的。为了做到这一点，企业在制定内部交易价格的时候，一定要让相关阿米巴的领导者和员工参与，要让相关阿米巴清楚地了解制定内部价格的方法是什么、依据是什么，并询问阿米巴的领导者和员工是否接受这一价格，如果不接受，那么原因是什么，然后针对这一原因进行调整。这样的做法，能够有效增强全体员工对内部价格体系的认可。

3. 为业务发展提供支持

在一家企业中，各个阿米巴负责的项目都是不一样的，一些阿米巴主要负责管理，一些阿米巴主要负责生产，一些阿米巴主要负责销售。在这种情况下，如果一项结算关系涉及多个阿米巴，那么就需要将市场放在第一位进行考虑，各个阿米巴都要为业务发展提供支持，不能因为阿米巴自身的利益而影响企业的业务发展。所以，阿米巴内部交易的价格一定要与市场价格密切相关，要随市场的变化而变化，这样才能最大限度地发挥市场机制的作用，在市场变化时第一时间进行调整。

4. 公平合理

阿米巴内部交易价格一定要公平合理，不能过于主观，也不能过于随意。最终的内部交易价格，一定要是企业和阿米巴都能接受的，并且是交易双方都感到公平合理的。绝对不能出现一方满意，另一方不满意的情况，也不能出现因为内部交易价格不合理而导致部分阿米巴得到额外收益，部分阿米巴的利益遭到损害的情况。如果出现了这样的情况，就会导致企业无法科学地对各个阿米巴的业绩进行衡量。如果内部交易价格不合理，不仅会导致各个阿米巴之间无法为了共同的目标而努力，还会导致企业陷入绝境。

5. 具备科学性

内部交易价格一定要能充分体现出产品或服务的实际劳动消耗水平，因此，企业在制定内部交易价格的时候，一定要充分考虑企业的实际情况，要全面收集相关资料，并对这些资料进行深入分析研究，还需要用科学的手段对各个阿米巴的成本进行预计，确保内部定价具有科学性。

对企业进行划分之后，应该通过什么方式才能制定一个合理的内部交易价格？通过什么方式才能使各方的利益保持一致？我经过多年的实践，积累了一定的经验。总的来说，内部定价的方法主要有 4 种，如图 5-3 所示：

图 5-3　内部定价的方法

1. 成本推算法

简单来说，成本推算法就是以各个阿米巴的成本为依据来制定内部交易价格，公式如下：

成本＋一定的利润空间＝最终的内部交易价格

成本推算法最大的优势在于：该定价方式十分简单，直接以现成的数据为基础制定最终的内部交易价格。在确保阿米巴的利润不受到影响的情况下，如果下一道工序的阿米巴拥有非常大的需求量，这个价格就会显得非常合理。在实际操作的过程中，各个阿米巴可以通过"成本加成法"制定产品的价格。所谓成本加成法，就是以服务成本为基础，乘以一定的加成率。

成本推算法的劣势也非常明显：这种定价方式完全没有考虑到需求变动，也没有考虑到市场价格，更没有考虑到市场竞争的问题。除此之外，还有一点致命的缺陷：在这种定价方式下，各个阿米巴根本不会思考通过什么方式才能降低成本，因为无论成本如何变化，他们的最终利益都不会发生变化。

2. 利润预算法

简单来说，利润预算法就是先确定利润，然后让各个阿米巴根据自己的需求自行决定最终的内部交易价格。

利润预算法最大的优势在于：该定价方式充分考虑到了竞争对手的情况和市

场的情况。

要想获取目标利润,就必须让销售额和成本也达到目标。一般情况下,阿米巴组织在经营的过程中是以目标利润为核心的。阿米巴组织会通过科学的方式对市场进行调查和预测,将本阿米巴的最高水平与同行业的先进水平进行比较,并以结果为依据,确定阿米巴在某个时期的目标利润。然后以阿米巴的成本、经营目标、税金、费用和预期利润为依据,以达成预期投资回报率、经济效益最大化、维持营业、扩大市场份额为目标,制定最终的内部交易价格。

需要强调的是,在确定目标利润的时候,除了需要考虑上述因素,还需要全面收集本阿米巴的历史资料,对这些资料进行深入分析,预测本阿米巴在未来一定时间内的发展情况,再充分考虑产品机构、产品品种、产销数量、价格、成本等几个变量的关系,以及这些关系对利润造成的影响,结合企业的长远发展规划、市场经济动态等信息,经过不断研讨论证,最终确定一个合理、科学的目标利润,使本阿米巴的利润能够达到最大化。

3. 面议法

简单来说,面议法就是指各个阿米巴通过面谈的方式,协商确定最终的内部交易价格。在协商的过程中,各个阿米巴都需要遵守公平自愿的原则。最终确定的价格通常在成本价与市场价之间。一般情况下,通过面议法制定内部交易价格的时候,会以外部市场价格为依据,以阿米巴之间进行类似交易时的价格为参考对象,通过面谈的方式相互协商,最终制定一个令双方满意、自愿接受的内部交易价格。

面议法最大的优势在于:各个阿米巴都拥有独立制定内部交易价格的权力,同时确保了企业的利益与交易双方的利益。这种定价方式的效率非常高,能够在一定程度上促进企业整体利益最大化。除此之外,在这种方式下,阿米巴领导者能够充分发挥自主经营的权力,能够在一定程度上为企业培养优秀的阿米巴经营人才。

如果能够合理地使用这种定价方式,那么这个定价方式无疑是最好的。但是,在实际操作的过程中,因为各种各样的原因,比如数量、质量、品牌、商标、市场经济水平的差异,想要与市场价格进行直接对比并不是一件简单的事情。

面议法的劣势在于:阿米巴领导者的谈判技巧或许会对业绩指标造成不利影响;通过面谈的方式确定内部交易价格,需要大量的时间和资源,可能会造成不必要的浪费。

4. 市场参照法

简单来说,市场参照法就是以市场价格为参照对象,根据市场价格确定最终的内部交易价格。通过市场参照法制定内部交易价格能够有效地解决各个阿米巴之间因为内部交易价格而发生冲突的问题。生产型阿米巴可以根据自己的经营情况选择是将产品卖给内部的阿米巴还是卖给外部市场,采购型阿米巴也可以根据自己的经营情况选择是购买内部阿米巴生产的产品还是购买外部市场的产品。

2019 年汪洋老师为北京美意天餐饮落地阿米巴经营模式

市场参照法更合适那些层次较高的阿米巴,因为这样的阿米巴才可以将产品卖给外部市场或是从外部市场中购买产品,普通的阿米巴只能在内部进行交易。有一点需要注意,如果选择市场参照法制定内部交易的价格,就必须进行全面的市场调查,然后将调查的结果作为参照的对象,最终的内部交易价格需要尽可能与市场平均价格相同,甚至低于市场平均价格。

市场参照法最大的优势在于:充分利用了价格差异,价格与生产成本无关,与市场需求相关。

如果内部交易价格与市场价格差距过大,就会对相关的阿米巴造成巨大的影响,可能会导致利润减少。市场价格是一个非常客观的因素,但是因为市场价格经常会出现波动,且部分产品根本无法以市场价格为参照对象,所以想要将市场价格作为内部交易价格并不是一件简单的事情,会受到大量限制。

最后要强调的是,在进行阿米巴内部定价的时候,并不是只能使用一种方式,可以多种同时使用,具体使用什么方式,需要充分考虑企业和各个阿米巴组织的实际情况。可以通过同时使用多种定价方式实现互补,让各个阿米巴适应企业的内外市场。

不管使用什么定价方式,都不可能做到绝对标准,尤其是在划分二级阿米巴的时候。如果所有一级阿米巴都对外经营,市场参照法是最合适的定价方式;如果有部分阿米巴只对内经营,就需要选择其他的定价方式。

不管使用什么定价方式,都必须做到:对所有阿米巴都采用统一的统计口径;对阿米巴的奖励需要通过测算的方式得出,不能与阿米巴的收益直接关联。

最后需要明确的是,在企业中,内部定价系统可以有效地对企业的集中决策权与阿米巴领导者的自主权进行协调,确保双方的管理行为保持一致;可以帮助企业对阿米巴组织进行科学的绩效考核;可以充分、客观地体现出各个阿米巴组织的业绩和责任;可以在一定程度上提升企业的经济核算能力,使企业的经营管理水平得到提升,最终使企业的竞争力得到提升。所以,企业如果希望内部定价的作用能够充分体现出来,就必须重视以下 3 个方面,如图 5-4 所示:

图 5-4　内部定价的注意要点

第一,企业战略目标一致性。

总的来说,企业内部的各个阿米巴组织都属于相同的阵营,都是为了企业的利益而努力,阿米巴与企业的目标是一致的。之所以要进行内部定价,最主要的原因是为了确定各个阿米巴需要承担的责任,对各个阿米巴的业绩进行科学的考核,最终使企业的战略目标得以实现。阿米巴领导者在经营的过程中所采取的所有行为都必须以提升公司总体利润为目标。从本质上讲,进行内部定价的核心目标在于:打造一个高效的激励体系,确保阿米巴组织在自主经营、独立核算的前提下,仍然能够以企业的整体利益为核心,做出的所有经营决策都有利于企业发展。

第二,准确的业绩评价。

企业内部的所有阿米巴组织之间既是竞争的关系,更是合作的关系,任何阿米巴都不能做出损害其他阿米巴利益的行为。因此在进行内部定价的时候一定要对各个阿米巴组织的业绩进行准确客观的评价,并做出相应的激励,从而激发全体阿米巴组织的工作积极性。

第三,保持各阿米巴组织的自主性。

阿米巴领导者拥有自主权,所以在具体的经营业务方面,企业高层不应过多干预,给予其充分的自由。企业高层不应过多干涉各个阿米巴的内部定价,但为了确保企业整体利益最大化,以及各个阿米巴不做出损害企业整体利益的行为,高层应该制定一些规章制度,来规范各个阿米巴的行为。

5.4　体系构建:完整构建阿米巴经营内部交易体系

在企业中建立内部交易体系,主要涉及两个方面:一是建立内部会计报表,二是建立内部交易定价。

内部交易会计报表

稻盛和夫认为,一家企业不能只追求销售额,不能一味提升销售额而忽略费用支出。如果销售额提升,利润确实能够得到提升,但在销售额不变的前提下,费用支出减少了,利润同样能够得到提升。因此,稻盛和夫提出了"销售最大化,费用最小化"的观点。从这句话我们可以看出,企业要想提高收益,关键在于让每一位员工都明白一个非常简单的道理——"销售额-费用=利润"。

根据稻盛和夫的观点,只要我们能够将整个企业划分为无数个阿米巴组织,然后将市场交易机制引入企业内部,在独立核算的前提下,采取内部交易模式,那么企业的经营者只需要看一眼各个阿米巴组织的核算报告,就可以清楚地了解到什么阿米巴组织是盈利的,什么阿米巴组织是亏损的。除此之外,通过核算报告,经营者还可以知道企业整体的运营状况和市场状况,从而做出更准确的决策。也就是说,内部交易的作用主要有3个:

第一,将市场机制引入企业内部,让企业的各个部门都感受到市场竞争的动态,以便快速做出反应。

第二,让每一位员工都深入理解"销售最大化,费用最小化"的经营原则,严格按照该原则进行生产经营。

第三,真正意义上实现"每一位员工都是企业的主人",使每一位员工都能形成经营意识,并且参与到企业的经营中。

阿米巴内部交易会计报表不同于传统的会计报表,将十分复杂的科目改为极为简单的数据,不懂会计的人也能一眼看出这些数据表示什么,就像家庭收支报表一样,总收入减去总支出等于利润。

每一位员工都可以看懂内部交易会计报表,了解自己所在组织的经营情况,有利于员工形成经营意识,参与到组织经营中。

值得一提的是,阿米巴内部交易会计报表中主要有3个部分的内容:销售额、费用和利润。

内部交易定价

从本质上讲,之所以要进行内部交易定价,是为了做到循环改善,确保内部交易能够顺利进行,确保各个阿米巴组织都能独立核算。简单来说,内部交易定价其实是一个对阿米巴经营业绩进行衡量的标准,通过这种方式才能建立起一个完善的、科学的内部交易体系。

对于企业来说,内部交易确实能够带来很多好处,但同时也存在诸多弊端。不少企业都尝试过内部交易制度,但有些企业推进到最后,都变成了承包制。

究竟是什么原因导致出现了这样的情况呢?为什么稻盛和夫能够取得成功,其他企业却失败了呢?其实原因很简单,其他企业之所以会失败,是因为没有贯彻稻盛和夫的经营哲学理念。

首先,我们必须知道内部交易的本质和原理究竟是什么。"做人何谓正确"是稻盛和夫一直都在思考的问题。稻盛和夫认为,经营者在经营企业的过程中,要想取得成功,就必须让员工感到幸福,这个幸福不仅是指物质方面的,更重要的是精神方面的。

因此,企业要想采取内部交易制度,关键是将员工的成长摆在首位。企业无论做什么事情,都必须将培养经营人才作为最终目标。从这个角度来看,内部交易制度就相当于在企业内部建立一个虚拟的市场,让员工在这个虚拟的市场中进行交易,从而得到锻炼。

2021 年 9 月,阿米巴落地咨询班成都站现场

内部交易定价是为了更好地对员工进行培养。前面我们说过,内部交易定价其实是一个对阿米巴经营业绩进行衡量的标准,有了这个标准,企业才知道员工做得对不对、好不好,最终目的同样是培养人才。无论在什么情况下,企业只有将员工的成长摆在首位,员工的能力才会不断提升,员工的经营意识才会不断增强。

将培养经营人才当成内部交易的最终目的,才能让内部交易形成良好的氛围。需要强调的是,内部交易是虚拟的交易,交易过程中产生的一切收支都不能与员工的奖励相联系,不能出现阿米巴组织的收入高了,员工的奖励就多,阿米巴组织的收入少了,员工的奖励就少这样的情况,否则会导致各个阿米巴组织都只考虑自己的利益,偏离了内部交易的初衷。

其次,企业必须通过各种各样的方式让阿米巴形成"利他之心",在进行内部交易的过程中一定要做到利他。简单来说,利他就是把公司整体的利益摆在首位,在交易时先考虑公司整体的利益,再考虑自己的利益。在阿米巴经营模式下,每一个阿米巴组织都不可能单独经营,必须与企业内部的其他阿米巴组织合作。

还有一点需要强调,阿米巴组织的自主经营是有前提条件的:阿米巴组织无论做出什么经营行为,都必须符合企业的经营方针和经营理念,不能做出损害企业整体利益的行为。所以"利他之心"是非常重要的,所有阿米巴组织都必须从只在乎自身利益转变为重视公司整体利益,这样的内部交易制度才能取得成功。

再次,我们需要将内部的交易关系梳理清楚。

企业完成组织划分之后,整个企业就会变成无数个阿米巴组织,比如生产阿米巴、销售阿米巴、采购阿米巴等,这些大的阿米巴下面又有许多细分的阿米巴,比如生产阿米巴可以根据不同的工序划分为各个小阿米巴,销售阿米巴可以根据不同的区域划分为各个小阿米巴。因此,将各个阿米巴之间的交易关系梳理清楚是非常重要的,比如研发阿米巴与销售阿米巴之间是否存在交易关系,研发阿米巴与生产阿米巴之间是否存在交易关系,甚至一个大的阿米巴下面的小阿米巴之间是否存在交易关系,我们都必须清楚。

另外,我们需要清楚内部交易的内容究竟是什么。通常情况下,内部交易的内容只有两种:一种是产品,另一种是服务。产品的交易主要出现于生产阿米巴的各个工序之间,A工序阿米巴将半成品卖给B阿米巴进行加工,B阿米巴将加工好的产品卖给C阿米巴,形成一个完整的交易链,这种类型的交易一般是有实物转移的。服务的交易主要涉及采购阿米巴、仓储阿米巴等组织,比如当其他阿米巴有采购需求时,需要找采购阿米巴,采购阿米巴向其提供采购服务,并收取一定的服务费用;仓储阿米巴向其他有仓储需求的阿米巴提供服务,收取一定的仓储费,这些都属于服务的交易,通常是没有实物转移的。

我们必须清楚阿米巴之间的交易内容究竟是产品还是服务,这是非常重要的。清楚了这一点,我们才能知道各个阿米巴输出的是什么。条件允许的情况下,阿米巴之间的交易最好制作一份交易说明书,将交易的内容和涉及的金额准确表示出来。

最后,我们需要根据交易的内容(产品或服务)进行定价。在进行定价的过程中，必须遵守两个原则：简单性和市场性。简单性是指操作简单，不要进行各种复杂的操作；市场性是指以市场价格作为定价的依据，将市场的压力转移给内部的各个阿米巴组织。在进行定价的时候，有很多定价方法可以使用，比如比例定价法、市场定价法、成本定价法、佣金定价法等。无论采取何种定价方法，最终的目的都是培养经营人才，因此无论定价是高还是低，只要价格合理，能够培养经营人才即可。

因为各个阿米巴之间的交易关系非常复杂，所以我们不可能使用统一的定价方式，必须结合各个阿米巴的实际情况，使用不同的定价方式。比如生产阿米巴与研发阿米巴之间的交易使用佣金定价法，生产阿米巴每生产一个产品，就需要按照一定的比例给予研发阿米巴佣金；生产阿米巴与销售阿米巴之间的交易使用比例定价法，按照一定的比例划分两个阿米巴的销售额，比如售价的 80% 为生产阿米巴的销售额，剩下的 20% 计入销售阿米巴的销售额。至于使用什么定价方式，要结合企业的实际情况。

总而言之，企业在进行内部交易定价的时候，一定要以市场作为导向，从整体考虑，要顾及产品从采购到生产，到销售，到物流，再到售后的整个过程。定价除了要能实现培养经营人才的目的，还要能实现企业的经营目标。比如利用市场倒逼的手段刺激内部的各个阿米巴，使企业的核心竞争力得到提升。

稻盛和夫在书中说过这样一段话："企业要从产品导向转向市场导向。意思是说，产品价格不是由生产部门决定的，而是取决于产品价值能否得到客户的认同，所以产品价格是由市场决定的。如果按照'成本＋利润'来决定产品价格，那么万一被拒绝了，一切都没有意义。"这段话其实就是描述企业构建内部交易制度的。

企业在进行组织划分的时候，一定要深刻认识到，生产阿米巴才是企业的核心。企业的经营者一定要想办法将市场的压力传递给生产阿米巴，让生产阿米巴竭尽全力实现"销售最大化，费用最小化"的目标，这样才能产生更多的利润。绝大多数企业都觉得，销售部门决定了产品能够为企业带来多少利润，实际上，产品的利润主要是由生产部门决定的，而销售部门最大的作用，是将客户与生产部门连接起来。销售部门是离市场最近的一个部门，必须将市场的压力和市场的信息及时传递给生产部门，让生产部门及时进行优化，降低生产成本，改进产品质量。如果做不到这一点，生产部门的产品卖不出去，企业的所有经营活动都没有任何意义。

5.5　长短兼顾:如何避免因经营压力过分聚焦短期收益

许多企业在引入阿米巴经营模式后,都出现了一个共同的问题:部分阿米巴组织只在乎自己的利益,忽视企业的整体利益,或是只在乎本组织的短期利益,忽视了长期利益。这一问题会引发山头主义,甚至会带来分裂的风险。

只在乎短期利益,忽视长期利益

在阿米巴经营模式下,整个企业被划分为若干个阿米巴组织,各个阿米巴组织自主经营、独立核算。那么,每个阿米巴的利润如何,直接决定了他们的业绩。因此,部分阿米巴就打起了歪主意。提升利润最好的方式就是控制内部成本,比如减少人员数量以减少薪酬支出,但无论人员怎么减,工作量都是不变的,这就导致剩下的员工需要承担更多的工作;再比如,可以通过减少服务项目的方式压缩成本,但这样的做法又会导致整体的服务水平下降,进而影响客户的满意度。除此之外,部分阿米巴组织为了提升利润,还会最大限度地减少各种未来投入,比如新品研究、购买新设备、员工培训、宣传推广等方面的投入,这样做的直接后果就是利润数据非常好看,但阿米巴组织的整体实力并没有提升,时间长了就会原形毕露。

这并不是稻盛和夫希望看到的结果。稻盛和夫提出阿米巴经营模式,是希望通过提升领导者经营管理能力的方式,提升阿米巴组织整体的经营水平,最终使企业整体的经营水平得到提升。

部分阿米巴组织为了提升利润数据,减少员工数量,让现有的员工承担更多的工作,减少培训的支出,导致现有员工的能力无法得到提升。通过这些方式换来的只是一时的利润,无异于杀鸡取卵,会直接导致企业的运营从扩张的状态转变为收敛的状态,严重阻碍企业的发展。

过度授权导致山头主义越来越严重

在阿米巴经营模式下,各个阿米巴组织都有一个领导者,而领导者要想管理好本阿米巴组织,就必须拥有一定的权限。为了实现企业的发展目标,企业必须将权力下放给阿米巴组织,有了相应的权力后,各个阿米巴组织的领导者才能管理好组织,充分调动员工的工作积极性。但现实是残酷的,当阿米巴组织的领导者有了一定的权力后,就会渐渐形成"山头主义",整个企业被划分为若干个"山头",出了问题,各个组织之间不断推诿扯皮,严重的会出现相互抢夺资源,甚至直接架空总部的情况。每个"山头"都只在乎自己的利益,完全不管企业的死活,只要有利可图,甚至会直接做出损害企业利益的事情。

阿米巴模式之所以能够在日本取得巨大的成功,是因为日本更侧重集体主义,重视集体的利益;而中国更侧重家文化、圈子文化,这也是中国企业不能照搬日本企业的阿米巴经营模式,必须做出调整的原因之一。

避免做成承包经营

有人认为,阿米巴经营其实和我国的承包经营差不多,这样的想法是错误的。从表面上看,两者非常相似,实际上却是天差地别。

阿米巴经营的核心思想是"利他",各个阿米巴组织自主经营、独立核算,有一定的经营权。阿米巴经营的根本目的是培养更多的经营人才,根本目标是让全体员工参与到企业的经营中,重视长期利益及整体利益。

而承包经营的核心思想是"利己",经营权完全掌握在承包者手中,承包经营的根本目的是最大限度地获取利润,根本目标是为了赚钱,而不是长期发展。为了赚到更多的钱,获取短期利益,承包者甚至不惜做出损害长期利益的事情。

因此,我们在推行阿米巴经营的过程中,一定要避免做成承包经营,关键在于以下 4 点,如图 5-5 所示:

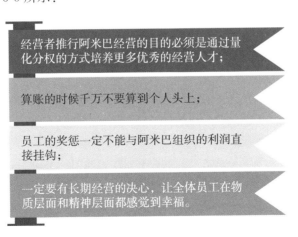

图 5-5 避免做成承包经营

总而言之,无论企业想用什么样的激励方式,都必须以人为本,以人为核心,重视员工的需求,重视员工的幸福。企业要想发展,就必须重视长期利益,要从资本运作、战略目标、业务特征、商业模式、企业文化、协同方式等几个方面考虑,对员工的激励手段一定要能帮助企业长期经营下去。

5.6 【案例】A 船业公司落地阿米巴后的内部交易流程

2016 年,A 船业公司实现主营业务收入 26 亿元,利润 1 亿元,出口 1.5 亿美元。

曾经有很长的一段时间,船舶市场非常低迷,很多相关企业因此倒闭,但 A 船业公司不甘认命,努力摆脱困境,尝试进行转型升级,最终取得了巨大的成功,产品也由单一商船扩展为高端渔船、公务船等各种船型。

该公司相关领导者表示,为了应对低迷的船市,企业做出了巨大的调整。在生产经营方面,企业一改先前的生产经营模式,转变为"多品种、小批量、短交期",也就是落地的阿米巴经营模式(图 5-6)。

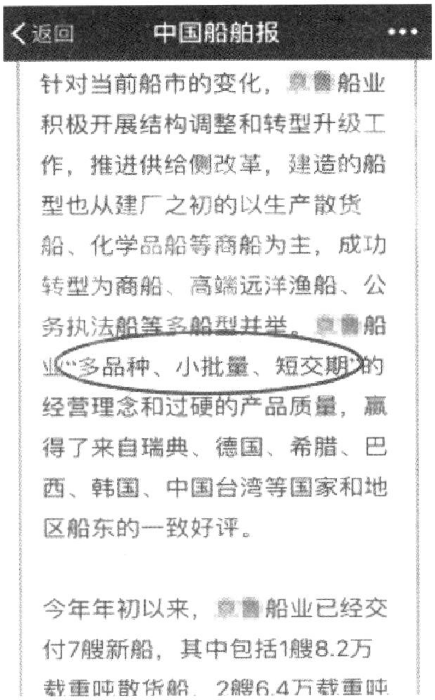
〈返回　中国船舶报　…

针对当前船市的变化，[illegible]船业积极开展结构调整和转型升级工作，推进供给侧改革，建造的船型也从建厂之初的以生产散货船、化学品船等商船为主，成功转型为商船、高端远洋渔船、公务执法船等多船型并举。[illegible]船业"多品种、小批量、短交期"的经营理念和过硬的产品质量，赢得了来自瑞典、德国、希腊、巴西、韩国、中国台湾等国家和地区船东的一致好评。

今年年初以来，[illegible]船业已经交付7艘新船，其中包括1艘8.2万载重吨散货船，2艘6.4万载重吨

图 5-6　生产经营模式的改变

生产经营模式转变后，企业渐渐有了起色，成功实现了逆势增长。2015 年上半年，共交付 17 艘船舶，其中包括 2 艘 300 吨级渔政船、2 艘 1200 总吨金枪鱼围网船、4 艘 6.4 万载重吨散货船、4 艘 1000 吨级海警船以及 5 艘 77 米秋刀鱼兼鱿鱼钓船。另外，在接单方面，2015 年新中标了 45 米趸船、200 吨级海监船、300 吨级渔政船等船型。

产品种类虽多，但不乱

据不完全统计，A 船业公司目前已交付和在建的船型已经突破了 10 种，产品种类越来越丰富。实际上，A 船业公司最初的产品定位只有 3 种船型，即化学品船、散货船和成品油船。随着时代的发展，船市出现了巨大变化，这三种船型的需求越来越少。无奈之下，A 船业公司只能转型，开始建造其他类型的船只。经过一段时间的努力，他们成功自研出远洋鱿鱼钓船、大型金枪鱼围网渔船、大型拖网渔船、超低温金枪鱼船等船型。在当时，这些船型属于高端远洋渔业捕捞加工船型，代表着最先进的生产水平。更重要的是，A 船业公司还中标了农业部、山东省海洋与渔业监督监察总队、蓬莱市渔政监督管理站等发布需求的多艘不同类型、不同吨位的海警船和渔政船。

以当时的情况来看，对于大型船企而言，同时生产这么多类型的船只是非常困难的事情，而 A 船业公司不过是一家民营船企，究竟是通过什么方式实现了多种船型同时生产，并且能够确保有序生产的呢？对于这一问题，A 船业公司的相关负责人透露，企业的订单数量多，主要有两个原因：一是因为船舶市场持续低迷，企业为了生存，只能多接订单；二是因为企业转型升级必须提升产品的种类数量和产量。虽然产品的种类很多，但并不代表产品的种类很杂。他们在接每一笔订单之前，都要经过全面深入的分析，然后才决定是否接单。同时生产的船型虽多，但各个船型之间有着密切的联系。这位负责人说："虽然我们在建的船型很多，但是仔细归类，10 余种船型可以划分为商船、高端远洋渔船、公务船 3 类。"这就是 A 船业公司能够同时生产数十种不同类型船只的原因。

订单虽然很小，但效率很高

虽然 A 船业公司同时生产多种不同类型的船只，但绝大多数订单都是小批量订单，这对企业的生产经营来说是一项巨大的挑战。A 船业公司的相关负责人表示，为了应对这项挑战，A 船业公司主要从两个方面着手：一方面对管理体系进行全面优化，另一方面对生产作业体系进行全面优化，最终使企业的整体管理水平得到了巨大的提升。

另外,A 船业公司还根据目前正在建造的船舶特点,对期量标准、原则分工、纳期标准、物量对比、建造方针等进行了进一步调整,根据生产动态实时调整生产计划,确保生产过程可控,生产流程能够正常开展,生产效率得到提升。

在生产方面,A 船业公司还对生产计划编制进行了深入调整,成功实现了计划管理从简单的"跟踪"转变为"控制"。除此之外,他们还开展了"造流程、建基础"等一系列工作,使生产效率得到极大提升,建造周期大幅缩短。

在物流方面,A 船业公司的物流集配从最开始的"被动等待"转变为"主动跟踪",大幅提高了集配的效率,能够在短时间内准确地向生产部门提供物流,使生产效率得到了巨大的提升。

交期虽短,但品质很高

A 船业公司成功转型后,经过不断探索,已经形成了一套完整的生产流程,具备丰富的生产经验,并且在管理方面也取得了巨大的提升,能够保证同时生产数种不同类型的船只。但 A 船业公司并不满足于此,他们希望生产效率能够得到更进一步提升,所以开展了造船提速工作,通过各种方式提高生产效率和生产质量,确保能够在短时间内生产出优质的产品。另外,A 船业公司还进行了一系列调整优化,即使同时生产多种不同类型的船只,也可以确保在短期内完成交付。

　　A船业公司的领导者表示："虽然实现了'短交期'的目标,但绝没有牺牲船舶的建造质量。"正因如此,绝大多数客户在A船业公司购买了第一次之后,就成了"回头客",当他们有需求的时候,第一时间想到的就是A船业公司。

　　A船业公司的领导者还说,现在,中国的船舶工业正面临着一轮新的改革,要想在这股浪潮中存活下来,就必须进行转型。A船业公司在转型升级的过程中,成功研制出了新型渔政执法船、高端远洋渔船等船型,并且完全满足国家支持的条件,在政策上占尽先机。未来,A船业公司不仅会研制更多商船、公务船和渔船,还会充分发挥企业优势,再一次进行转型升级,以确保企业能够稳定、健康地发展。

第6章 费用分摊:
公共费用由全部参与方共同承担

简单来说,阿米巴公共费用分摊就是指企业通过合理、科学的方式量化与生产经营相关的房屋资源、设备资源、能源资源、物资资源和人力资源的价值,并将其合理地分摊给每一个参与生产经营的阿米巴组织。

6.1　分摊前提：3个基本前提保证分摊过程无额外困难

　　企业的利润并不是完全由销售部门决定的，而是贯穿于产品的整个生产环节，如果每个环节的成本都能减少，那么企业的利润自然能够得到提升。阿米巴经营模式将整个企业划分为若干个阿米巴组织，各个阿米巴组织自主经营、独立核算。这就好像我国的土地改革一样，土改之前，生产由整个村负责完成，这就不可避免地导致有人吃"大锅饭"的情况；土改之后，生产由每户负责完成，这让生产的产量、质量等都得到了巨大的提升，成本、费用等都相应减少。这是因为家庭承包制度让每位家庭成员都成为了"老板"，生产的利润直接进入自己的口袋，利润越高，进入口袋的钱就越多，所以每个人都会拼了命地去干。企业经营也是如此，如果能够让全体员工都成为"老板"，那么他们就会拼了命地去工作，自己对自己进行管理，这就是阿米巴经营模式的核心。这体现出了独立核算的重要性，如果能够以部门为单位，甚至以个人为单位进行核算，那么每个部门、每个人都能清楚地了解自己今天赚了多少、亏了多少，进而及时地进行调整。企业的经营者也能及时地了解每个部门、每个人的经营情况，更好地统筹企业的发展。接下来，我们详细介绍一下阿米巴经营分摊的 3 个基本前提，如图 6-1 所示：

图 6-1　阿米巴经营分摊的 3 个基本前提

1. 可以进行独立核算

如果不实行独立核算，而是企业整体核算，那么除非员工刻意观察某些数据，否则根本无法了解自己或自己所在的部门为企业做出了多少贡献。更重要的是，看懂财务报表并不是一件容易的事情，很多员工都不具备相关的财务知识。

另外，在整体核算下，如果企业出现了亏损，那么员工或许会觉得，"企业亏损跟我有什么关系，又不是我造成的"。而如果是独立核算，企业出现了亏损，那么员工就会认为，"原来企业亏损是因为我的工作做得还不够好，我一定要努力工作，争取扭亏为盈"。

阿米巴经营模式使用的是经营会计报表，和家庭记账相似，即使不具备任何财务知识，也能看懂其中的数据，即使是普通员工也能理解。

之所以要实行独立核算，是为了让全体员工都参与到企业经营的过程中。提升利润、降低费用并不仅仅是老板一个人的责任，全体员工都必须对自己的工作负责，对自己的收支负责。

2. 可以做到即时核算，至少是按月核算

因为不同企业的能力有所差异，所以不同的企业从收集数据到最终形成财务报表需要花费的时间也是不一样的。很多企业往往半年，甚至是一年才制作一份财务报表，当你看到这份报表时，其中的数据已经是过去式了，根本无法获取任何有用的价值。现在的市场竞争越来越激烈，市场环境瞬息万变，如果无法做到即时核算，就会被时代淘汰。

第一时间了解各个阿米巴组织的收入、支出等数据，是阿米巴经营的基本功能。当月的工作结束后，第一时间对这些数据进行汇总和整合梳理，最终形成经营会计报表。有了这份报表，各个部门就能知道自己的经营成绩，进而及时作出调整。

成功实行阿米巴经营模式的关键在于独立核算，能够第一时间收集经营数据并制成报表。将无数杂乱无章的数据整合为一份简单的经营会计报表，让每一位员工都能看懂经营数据，这样才能确保员工根据经营数据工作，阿米巴经营才能成功落地。

3. 可以进行全面核算

要想让阿米巴组织实现独立核算，首先必须让阿米巴组织对本组织的生产经

营活动有清楚的认识,能够做到全面、系统地记账、算账。

经营会计是阿米巴经营模式的核心,没有经营会计,阿米巴经营就无法顺利开展。经营会计报表就相当于家庭收支表,简单易懂,但全面详细。就算员工不具备任何财务知识,也能看懂其中的数据,甚至还能填写这份表格。

一般情况下,家庭收支表主要包含 3 个项目,分别是收入、支出、剩余。其中,收入和支出都有具体的明细。比如收入又分为工作收入、其他收入等,支出又分为饮食支出、服装支出、水电支出、医疗支出、教育支出等。

家庭收支表中的"收入",就相当于经营会计报表中的"总销售额";家庭收支报表中的"支出",就相当于经营会计报表中的"费用";家庭收支报表中的"剩余",就相当于经营会计报表中的"利润"。

总而言之,以上 3 个基本前提能够很好地保证分摊过程有序进行,帮助协调阿米巴单元之间的分摊程序。

6.2 分摊原则:进行公共费用分摊应秉持的 5 个原则

在进行公共费用分摊时,必须遵守以下 5 个原则,如图 6-2 所示:

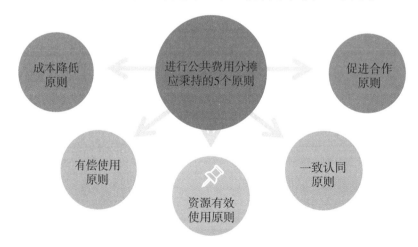

图 6-2 进行公共费用分摊应秉持的 5 个原则

1.成本降低原则

在进行公共费用分摊的时候,一定要能推动阿米巴组织建立一个合理、完善的成本降低价值体系。在进行成本管理的时候，一定要坚持以人为本，一个阿米巴组织要想正常经营下去，就必须有利润作为支持，有了利润，才能增加投资，才能对生产经营的规模进行拓展，才能取得更大的发展，才能确保全体员工的利益。所以，成本管理一定要能调动每一位员工的积极性，要让每一位员工都意识到降低成本的重要性，主动参与到成本管理中。"每一位员工都是公司的主人"是阿米巴经营的核心观念，要想扮演好"主人"这一角色，就必须形成投入产出的意识。在产出不变的情况下，成本越低，利润就越高，这样才能让员工形成成本管理的意识。所以在进行公共费用分摊的时候，条件允许的情况下，应该量化企业的全部资源，并合理地分摊给参与生产经营的所有阿米巴组织。

2. 有偿使用原则

阿米巴在生产经营的过程中，不可避免地需要使用企业的资源，企业如果免费提供给阿米巴使用，必然会导致浪费。因此，企业应该设计一份有偿使用合同，让阿米巴组织按照一定的标准向企业支付资源使用费。在进行公共费用分摊的时候，一定要贯彻"谁使用、谁承担"的原则，如果暂时无法分清是谁在使用，那么就合理分摊给各个阿米巴组织，确保责、权、利的一致性。

3. 资源有效使用原则

能够被有效利用的资源，才能称之为资源。举个例子，在某企业中，能力强的专业人才非常多，但因为无法对其进行合理利用，所以这些人才就不能被称为人力资源。大量企业都面临着这个问题：企业明明拥有大量优秀人才，为什么会出现人浮于事的情况呢？导致这个问题的原因，正是在于这些资源没能得到有效利用。我们从中能够看出：有效人力资源的多少，不取决于人力资源的数量，而是取决于质量。简单来说，就是一家企业拥有多少人力资源，取决于人才能否充分发挥出自身的能力，以及能否安排到合适的岗位上工作。

同样，分摊给阿米巴组织的资源，一定是阿米巴组织可以有效使用的资源。如果一项资源无法被阿米巴组织有效利用，那么就不应该将这项资源分摊给阿米巴组织，比如将损坏的生产设备分摊给阿米巴组织并不能起到任何作用，反而会成为负担。

4. 一致认同原则

阿米巴组织要想进行正常的生产经营活动，公共费用分摊是必不可少的。分摊费用的多少会对阿米巴组织的经营支出产生直接影响,而经营支出又与阿米巴的收益挂钩,所以分摊的费用一定是阿米巴认同的。为了确保阿米巴经营制度能够在企业中落地,让各个阿米巴中的全体成员都具备经营者的意识,在进行公共费用分摊的时候一定要做到公平公正。当所有阿米巴领导者都认可公共费用分摊的结果并签字确认后,才可以根据结果执行。

5. 促进合作原则

之所以要进行公共费用分摊,是为了让各个阿米巴之间能够更好地合作。如果费用分摊不公平,那么就会影响各个阿米巴之间的关系,甚至会引起冲突,导致阿米巴经营模式走向失败。

6.3 分摊程序:5 类常规公共费用分摊程序

综合来说,企业的全部资产被阿米巴经营模式划分为 5 大类,即人力资源、房屋资源、能源资源、物质资源以及设备资源,这 5 类资源具体的分摊方法如下:

第一,企业设备资源。

所谓企业设备资源,是指在生产制造型企业中,以固定资产表示的部分内容,包括模具设备、机器设备、工艺装备等。在财务上,如果某件设备的处理方式是将其费用化,那么就需要将产生的公共费用按照一定的分摊方式分摊到各个阿米巴组织中。

(1)分摊思路

一般来说,应该按照阿米巴组织设备资源使用的情况,以租赁费或折旧费的方式分摊到各个阿米巴。如果该设备是公共使用的,可以将费用平摊到各个阿米巴组织中,当然,前提是要保证公平公正。

(2)分摊方法

对于现有的设备,应该由公司负责管理设备的部门进行统计和盘存,分析、评估设备的缺陷性、实用性等情况并进行调整。接下来,明示设备使用状态和设备使用清单,并将其上报给相关的核算部门。相关的核算部门根据上报的信息对各个阿米巴组织的设备折旧费进行统一审查,并将这一笔费用纳入阿米巴组织的经营支出。如果某个阿米巴组织并没有使用该设备,则不需要分摊费用。

需要注意的是,设备的添置、封存、报废、转移等,都需要及时上报设备管理部门,进行备案并办理相应的手续。

第二,房屋资源。

(1)分摊思路

根据房屋实际使用的面积和公用分摊的面积,以租赁费或折旧费的方式分摊到各个阿米巴中。将公用面积分摊到各个阿米巴中,同样需要在公平公正的前提下进行。

(2)分摊方法

公共费用的分摊原则应该由企业的管理部门和财务部门来共同确定。通常来说,分摊步骤如图 6-3 所示:

公共费用的分摊步骤	将各个阿米巴作为独立单位,测量、划分其现有的房屋资源
	分析、评估房屋资源的适用性并进行调配
	计算阿米巴房屋占用面积,应该根据分摊到阿米巴组织的公用面积及实际占用面积来进行
	确定单位面积的价格,然后根据阿米巴组织实际占用的房屋资源面积来计算租赁成本,将其纳入阿米巴的经营支出

图 6-3 公共费用的分摊步骤

另外,当阿米巴组织所使用的房屋资源面积发生变化时,一定要及时上报企业管理部门并办理相应的手续。

第三,物资资源。

阿米巴组织使用的库存、领用的物料等资源,都属于物资资源。

(1)分摊思路

计算库存占用的时候,应该根据阿米巴组织实际占用的额度,计算出占用利率后再纳入分摊费用。对于领用的物料,应该按照实际领用和消耗的情况,通过量化的方式纳入分摊费用。

(2)分摊方法

分摊物料消耗的费用:生产型的阿米巴对生产设备进行修理所消耗的材料并

不属于物料消耗,只有对生产设备进行维护所消耗的各种材料才属于物料消耗。该费用是制造费用中的一个支出项目。

生产型的阿米巴在生产过程中消耗的物料及其费用标准,由该阿米巴和公司的财务部门共同梳理与统计。通常来说,阿米巴实际使用物料的情况以及生产经营的现状将作为参考依据,结合往年该阿米巴的数据,最后统计出需要分摊的费用。

另外,由公司的财务部门根据公司的目标和往年统计的数据对费用进行核定。在统计现有产品的各类消耗时,需要将统计出的数据根据与之相应的费用标准纳入各个阿米巴组织。

分摊存货的费用:什么是存货? 就是在生产过程中还没有生产出来的产品,或者是企业的日常活动中已经生产出来但还没有售出的成品,又或者是在提供劳务/产品生产的过程中所消耗的物料和材料。

存货的初始计量应该以成本作为根据,其成本分为3种,分别是加工成本、采购成本和其他成本。通过加工的方式获取的存货,如产品的成品、半成品以及委托加工的物资等,其成本由加工成本、采购成本,以及为了让存货到达目标状态、目前场所而产生的其他成本构成。通过购买的方式获取的存货,如商品、原材料、低值易耗品等,其成本则由采购成本构成。

企业要分析并统计当前的存货状况,然后制定相应的存货管理办法,并且要求把存货控制在一定数量内。阿米巴需要的所有物资的费用,包括领用的各类物资的实际消耗和库存,可以将阿米巴组织所占用的额度以同期贷款的利息作为参照,进而纳入成本。

第四,能源资源。

阿米巴组织使用的水、电等资源,都属于能源资源。

(1)分摊思路

将实际消耗能源资源的费用纳入各个阿米巴组织。如果某些阿米巴消耗的能源很多,一定要不断升级计量手段,保证数据的真实性和可靠性,进而对各个阿米巴进行精细化管理,减少浪费的情况。

(2)分摊方法

水费:如果有可以进行计量的方式,则直接按照该方式进行量化;如果没有,就根据阿米巴单位的人数进行平均分摊。

电费：如果有可以进行计量的方式，则直接按照该方式来进行量化；如果没有，就根据电器设备的产量和总功率进行分摊。

第五，人力资源。

对人力资源成本进行分析，有助于让公司精确了解员工的各项工作行为以及人力资源的各项工作给其带来的影响，对于评估人力资源政策的影响力以及人力资源管理的效用十分有利。

人力资源成本主要包括两类：直接成本与间接成本。所谓直接成本，就是实际发生的费用，比如培训费用、招聘费用等；间接成本则是通过其他的形式反映出来的成本，比如数量、质量、时间等，另外，因为工作业绩不好而造成的损失，或者因为战略上出现错误而造成的损失等，都属于间接成本。虽然我们很难用货币对间接成本进行准确衡量，但是间接成本无论是价值还是意义都远远大于直接成本。因此，企业很有必要重视间接成本。

（1）计量方法

为了开发和获取人力资源而支出的费用就是人力资源成本，主要包括人力资源的开发成本、使用成本、获取成本和离职成本。

历史成本法是计量人力资源成本最常用的方法。所谓历史成本法，就是将阿米巴组织开发和获取人力资源的所有支出都看作人力资源成本，再以实际的人力资源成本耗用情况作为参考依据，进而摊销已存在的人力资源成本。

使用历史成本法得出的数据具有一定的客观性，但这种方法也存在缺点：实际操作过程中，人力资源的实际价值可能远远超过历史成本，或者人力资源的增值、摊销与其实际能力并不相符，这样就会导致信息的使用者在用会计报表上的数据分析人力资源时出现偏差。

（2）分摊思路

由人力资源部门与财务部门联合设立一个人工成本费用项目，对当期的人工成本费用进行核实，然后将人均成本与阿米巴实际人数相乘，最后纳入阿米巴的支出。

（3）分摊方法

各阿米巴人员情况表应该由人力资源部门负责提供，该表格中应该包含各阿米巴人员变动等情况，在发生人员变动时，应及时上报财务部门，更新人员情况。另外，设立一个人工成本费用项目，对各个阿米巴投入的人力资源成本进行计算。

企业在调动人力资源的时候,应该尽可能在合适的岗位上安排合适的人才,从而实现阿米巴的经营目标和人才的价值。

2020 年 5 月,阿米巴落地咨询班广州站现场

6.4 高效协同:费用中心服务意识的提升方法

在管理会计中,需要承担相应的经济责任,具备相应的权限,享受相应利益的单位,统称为责任中心。一般来说,责任中心主要有两种不同的类别,分别是利润中心和成本中心,前者是需要对利润负责的责任中心,后者是需要对成本负责的责任中心。

一般来说,企业的管理部门、生产部门和劳务提供部门都属于成本中心,需要对成本负责。根据控制对象的特点,成本中心又可以分为两种不同的类别,分别是酌量性成本中心和技术性成本中心,前者的控制对象主要是组织生产经营过程中产生的经营费用,所以我们又称之为费用中心;后者的控制对象主要是生产实物产品过程中产生的各种技术性成本。根据这一定义,我们可以看出,费用中心和成本中心的地位并不相等,费用中心包含于成本中心之中。

根据以上定义，我们可以轻易看出：在制造型企业中，销售部门就是利润中心，生产部门就是成本中心，而行政、财务部门就是费用中心。

阿米巴经营强调"利润最大化，费用最小化"，而销售部门又是企业的利润中心，所以"利润最大化"应该由销售部门承担主要责任，"费用最小化"应该由费用中心承担主要责任。因此，在阿米巴经营中，我们完全不需要将成本中心与费用中心区分开来，只需要将两者统称为费用中心即可。

在阿米巴经营模式下，组织划分是非常灵活的，利润中心与费用中心同样可以灵活划分。一般来说，我们建议将组织单元划分为利润中心，因为这能在一定程度上提升各个部门的自尊感和价值感，可以充分调动员工的积极性，更好地推动阿米巴经营。比如，在绝大多数企业中，生产部门都是成本中心，在生产产品的过程中，每一道工序都有成本标准，实际成本一定不能超过这一标准。对生产部门的考核也围绕着成本来进行。如果成本低于标准，就能得到奖励，反之则受到惩罚。但在阿米巴经营中，生产部门被划分为利润中心，在生产成本的基础上加上一定的利润，然后将产品卖给销售部门，这样生产部门就成为了利润中心。

再举个例子，在传统企业里，维修部门是一个费用中心，部分企业始终无法降低维修成本。为了降低成本，我们可以将维修部门转变为利润中心，提供维修服务需要收费。这样，其他部门为了减少成本，就不会再因为一点小事而找维修部门寻求服务，维修部门的工作量就会大幅减少，收入也会降低，甚至可能出现入不敷出的情况。而入不敷出意味着维修部门存在冗员，需要及时解决。

在传统企业里，采购部门同样是费用中心，同样能够转变为利润中心，比如收取一定的采购费。这样，采购部门员工的工作积极性就会大幅提高，为了赚取更多的采购费，他们会投入更多的精力去研究市场行情，开发更多的供应商。

"谁使用，谁受益，谁负责"是公共职能部门分摊费用时需要遵守的基本原则。只有严格遵守这一原则，才可以确保费用分摊是公平公正的。

但是，在实际应用的过程中，我们也可以根据企业的实际情况进行一定的调整。比如刚刚开始推行阿米巴经营模式的时候，因为各个部门对阿米巴经营模式还不太熟悉，需要一个适应的过程，所以可以先暂缓公共费用分摊。因为一旦实行分摊，或许会导致部分阿米巴的经营数据非常难看，进而影响阿米巴组织成员的工作积极性。

阿米巴公共职能部门也是一个费用中心,而费用中心的责任,就是想方设法减少费用支出,但前提是一定不能降低服务质量。因此,我们在对公共职能部门进行考核时,除了需要看其费用是否减少,还需要看其服务质量是否得到了提高,同时,还应该根据企业整体的绩效情况对公共职能部门的绩效进行考核,给出公正客观的评价。

6.5 【案例】分摊是为了让企业内部形成客户关系

一些传统企业中的部门,特别是支持类部门的服务既不面向市场,也不面向一线,导致企业经常出现机构臃肿、官僚低效等不利于企业发展的情况。

阿米巴将费用中心的费用根据"谁使用,谁受益,谁负责"的分摊原则,按照各个利润单元的相关参数制定大家共同认同的分摊标准,继而将费用中心的费用分摊到利润中心,这样就做到了左右利润单元有内部交易,上下费用单元有费用分摊,使企业经营的数据现场形成联动,使经营者能够更好地关注经营的各个环节。事实上,阿米巴经营费用分摊,就是为了让企业内部形成客户关系。通过阿米巴经营费用分摊,各个部门会发生以下 4 个维度的变化,如表 6-1 所示:

表 6-1 阿米巴经营费用分摊使部门发生的 4 个维度的变化

铺助部门	过去	现在
①意识转变	比较官僚	以服务为主
②业绩评价	以高层评价为主	以直线部门评价为主
③费用管理	高层分配预算	基于劳动力费用效果评价,由直属上级部门监督管理
④人员使用	机构容易臃肿	利用费用分摊指标来评价,成为肌肉型组织

第**7**章

经营计划：
总体发展目标的顶层设计与分配

对企业而言，年度经营计划非常重要，这是企业年度经营的起点，直接决定了年度经营的终点有什么结果。从某种意义上讲，年度经营计划是一座桥梁，一端连接着企业的中长期计划，另一端连接着企业的月度计划。年度经营计划是对企业上一年度存在的问题进行系统化解决的重要途径，同时也是企业实现战略计划的关键环节。

7.1 针对问题:企业利润是计划出来的

每年的年底都是企业最忙的时候,一方面要对本年度的经营情况进行统计、分析,另一方面需要制定下一年度的经营计划。

企业要想引入阿米巴经营模式,并使其在企业内顺利运行,就必须重视年度经营计划。首先要做的,就是构建一个完善的年度经营计划系统,然后思考应该通过什么方式制定年度经营计划,在制定年度经营计划的过程中需要注意什么,通过什么方式才能将年度经营计划落实到每一天的工作中。需要注意的是,年度经营计划必须与企业的战略发展规划密切关联,要清晰地界定责、权、利,并且要能实现循环改善业绩的目标。

但就我所了解的情况来看,许多企业在制定年度经营计划时,会出现以下问题,如图 7-1 所示:

图 7-1　许多企业在制定年度经营计划时的常见问题

1.认为企业规模不大,没必要制定年度经营计划

这种观点是非常致命的。规模不大意味着企业的资源有限,而制定计划就是为了最大限度地利用资源,用最少的资源取得最大的成果。所以,即使企业规模不大,同样需要制定年度经营计划。

2. 认为时代和市场时刻都在变化，计划往往赶不上变化，制定计划没有任何意义

计划并不是制定出来后就固定不变的，我们随时可以对计划进行调整。正是因为时代和市场时时刻刻都在变化，所以我们才需要制定年度经营计划。有了计划，才知道自己应该做什么，应该朝着什么方向努力。如果时代和市场始终不变，我们完全可以不制定经营计划。

3. 没有使用科学的方式制定计划

大量企业误以为制定年度经营计划，就是将企业的年度经营指标拆解，导致领导层把大部分时间和精力都花费在了对指标的讨价还价上，没能制定出一份科学的年度经营计划。

4. 计划太重视细节，过于空泛

绝大多数企业在制定年度经营计划的过程中，会陷入两个误区。一个误区是太重视细节。要知道，计划只是一个大的方向，我们只需要确保走对方向即可，至于用什么方式走，则完全没必要去细究。太重视细节，只会导致经营计划的内容过多，如果必须按照计划中的要求执行，就会导致部门失去自主性。另一个误区是过于空泛，整个经营计划中都是各种各样的思想、理念，在一些具体的事项上完全没有办法执行。

5. 计划无法执行

这是令许多企业都感到头疼的一个问题。明明企业花费了大量的时间和精力制定了一份科学、完善的年度经营计划，但员工根本没有按照计划执行。之所以会出现这样的情况，主要有两个方面的原因：一方面是因为该计划不具备可行性，另一方面是因为领导层执行力不足。

6. 没有足够的资源支撑计划的执行

很多企业都会犯这样的错误：在制定计划的时候，根本没有考虑企业的资源情况，导致在执行的过程中发现不是缺了这个就是缺了那个，使计划无法顺利执行。

除了上述几个常见问题，企业在制定年度经营计划时还会出现各种各样的问题，在这里就不一一列举了。

需要明确的是,在制定企业年度经营计划时,要结合企业的实际情况,运用科学的方式,更深入地发掘企业潜力,使企业中的全体员工达成一致,为了相同的目标努力奋斗,推动企业经营业绩不断增加。为了能够制定更为科学的企业年度经营计划,我们需要明确以下 3 个问题,如图 7-2 所示:

图 7-2　制定科学的企业年度经营计划需要明确的 3 个问题

1. 制定年度经营计划的目的是什么?

年度经营计划是企业为达到战略目标而制定的企业年度目标、执行措施及具体的行动方案。通过经营计划,找到清晰明确的方向,描述清楚战略任务与具体行动之间的逻辑,以足够的证据与自信说服团队,才能让企业整齐划一地前进到成功的彼岸。

2. 什么是有效的年度经营计划?

有效的年度经营计划能够帮助企业实现 3 大目的:第一是向心力,使所有员工的方向都集中在一个点;第二是凝聚力,凝聚更多的资源去经营企业,使各部门都能朝同一个方向努力;第三是战斗力,能统一全员的力量共同战斗。为了实现上述目的,一份科学的年度经营计划应该是这样的:

(1)明确企业发展目标与方向;

(2)步调一致落实企业战略;

(3)明确企业各层级工作目标;

(4)制定各部门年度业务计划;

(5)凝聚团队力量,释放经营潜能;

(6)实现企业战略目标。

3. 企业年度经营计划的关键要素是什么?

没有经营计划,管理干部就只能凭感觉,而非依据客观情况进行管理。企业要求管理者做出业绩。这种业绩是量化的业绩,而且是承诺了就要做到的业绩。"说到做到"是管理者的最高境界。"说到"是制定经营计划的过程,"做到"就是实现经营计划的结果。经营计划,一定要让管理者能够"说到做到"!

第一,经营是公司主要负责人及老板(企业家、总裁)的责任,不能把经营计划推给计划部门或者业务人员去做。

第二,计划的过程一定是一系列量化过程,必须体现为数字。

第三,在制定经营计划的过程中,最重要的是统一思想。

最后,再明确一个重点:制定年度经营计划的过程也是导入阿米巴经营模式的最佳契机。通过建立共同目标,明确企业的方向,每个 SBU 制定出能够切实完成又具有挑战性的计划,使各 SBU 成为企业选拔和培养经营型人才的道场。

很多企业通过年度经营计划来选拔领导者,有想法、有闯劲、与公司理念一致的人才就能脱颖而出,签订业绩合同,开始独立核算,进行有效量化赋权,以此保障下一个年度计划更好地完成。

7.2　整体框架:SBU 经营计划与企业年度计划的双向制定

很多人不知道应该通过什么方式双向制定企业年度计划与 SBU 经营计划,接下来,我就和大家聊一聊双向制定的具体步骤:

第一,根据企业的经营情况制定年度经营纯利益目标。

某企业在年终组织开展了年度经营计划会议,该会议由企业总裁主导,企业总部的核心部门(主要包括人事、财务、战略策划、经营管理、运营等部门)领导以及各个 SBU 总监共同参与。在会议上,总部的领导根据各个 SBU 结合自身情况制定的年度利润目标,制定下一年度的经营计划和经营利益目标。以下图为例,该集团的年度经营利益目标为 2000 万元(表 7-1):

表 7-1　某集团年度经营计划总额确认表

单位：万元

部门/项目		事业部门			合计	总公司管理费	战略部门		全公司合计
		A 事业部	B 事业部	C 事业部			营销	市场	
销售额							6000		
变动费							4500		
边界利益							1500		
边界利用率		％	％	％	％		25％		％
固定费	人工费						1000		
	设备费						60		
	其他经费						900		
	资金利息						40		
	合计						2000	1500	
贡献利益							500	−1500	
总部费用分摊									
经营利益					④ 4000		③ −500	② −1500	① 2000

第二，根据企业的经营情况制定年度经营利润总额。

在年度经营计划会议上确定了年度经营利益目标后，接下来要做的就是制定年度经营利润总额。与会各方通常会共同分析企业的战略发展情况和市场开发情况，然后以战略策划部门制定的发展计划作为基本蓝图，对市场进行更进一步、更全面的分析，用科学的方式对企业的市场和产品进行预测及研究。以上图为例，该企业最大的竞争力是制造能力和产品开发能力较强，所以决定下一年度将经营的重点放在自己的劣势，也就是市场终端建设上，计划投入 500 万元资金进行战略市场开发，并借助市场的力量促进企业快速发展，最终将整个集团的年度经营利润总额确定为 4000 万元。

第三，根据各个事业单元的经营情况制定其年度经营利润目标。

在会议上,领导部门以各个事业单元提交的利益提案为基本依据,将整个集团下一年度的经营利益目标分摊给各个事业单元,这个过程通常以各个事业单元的固定分摊额作为分摊的标准。该企业预设所有费用(包含研发费用和集团战略费用)共计为 1500 万元,然后通过科学的方式制定各个事业单元下一年度的经营利润目标(表 7-2)。

表 7-2　某集团年度经营计划总额确认表

单位:万元

部门/项目		事业部门			合计	总公司管理费	战略部门		全公司合计
		A事业部	B事业部	C事业部			营销	市场	
销售额							6000		
变动费							4500		
边界利益							1500		
边界利用率		％	％	％	％		25％		％
固定费	人工费	3500	3000	2630	9130	1000	1000		
	设备费	210	180	160	550		60		
	其他经费	3150	2700	2360	8210		900		
	资金利息	140	120	100	360		40		
	合计	7000	6000	5250	⑤18250	⑥1500	2000	1500	
贡献利益							500	−1500	
总部费用分摊									
经营利益		⑦1530	⑦1320	⑦1150	④4000		③−500	②−1500	①2000

第四,为每一个事业单元制定年度贡献利益目标。

以各部门的总人工费为基本依据,将集团的管理费用分摊给各个 SBU,然后计算出每一个事业单元的贡献利益是多少。计算公式为:

事业单元的经营利益—分摊的费用=贡献利益

所有事业单元的贡献利益相加等于为集团贡献利益的总额。

第五,为每一个事业单元制定年度销售额目标。

通常情况下,事业单元为了进行正常的生产经营活动而使用的固定费用是由集团总部的财务部门负责提供的,而事业单元的边界利率通常是由集团总部的战略部门根据行业实际情况制定一个大概的范围,然后和事业单元的负责人协商确定最终的边界利率。在该企业中,A事业单元的边界利率为55%,B事业单元的边界利率为50%,C事业单元的边界利率为45%,根据这些数据,我们可以算出集团的边界利率为50%。然后我们再根据边界利益计算公式:贡献利益＋固定费用＝边界利益,可以计算出所有事业单元的边界利益,其中贡献利益在第四步计算得出,而固定费由集团的财务部门负责提供。知道了边界利益和边界利率后,我们就可以计算出销售额。计算公式为:

边界利益/边界利率＝销售额

最终计算出来的数字就是事业单元的年度销售额目标。

第六,为每一个事业单元确定年度变动费用总额。

当我们计算出了每一个事业单元的销售额目标后,就可以根据公式计算出各事业单元的变动费用总额,公式为:

销售额—边界利益＝销售额×变动费率＝变动费用

计算出变动费用总额之后,各事业单元还需要根据以往的经验计算出每个项目具体的变动金额。

第七,对每一个事业单元的年度销售额进行修正。

第六步计算出的每个项目具体的变动金额只是理论上的金额,并不是最终的金额,我们还应该根据实际的市场开发费用、制造费用、市场行情对变动费用进行修正,然后用修正后的变动费用对销售额进行修正。计算公式为:

变动费用/变动费率＝销售额

通过这个公式计算出来的销售额,才是各事业单元最终的年度销售额。全体事业单元销售额的总和,就是企业的年度销售目标。

第八,对每一个事业单元内的阿米巴组织的年度销售额目标进行核算。

现在,让我们重新看一下第三步。当我们制定了各事业单元的经营利益目标之后,我们还需要使用同样的方法制定下属各个阿米巴组织的年度经营计划及目标,然后按照制定事业单元目标的方式制定阿米巴组织的年度贡献利益目标、年度销售额目标、变动费用总额以及分摊费用等。

事业单元的核算过程同样适用于阿米巴组织,最终计算出所有阿米巴组织需要实现的年度销售额目标即可。

7.3　预算管控:通过管控预算费用间接掌控经营利润

在企业的成本控制体系中,有一件事情是非常重要的,那就是预算管控。预算管控做得好,企业的经营效率才会高。那么什么是预算管控呢? 简单来说就是将资金、业务、人才、数据等资源整合起来,通过合理的分权授权、恰当的业绩评价等方式,让企业的所有资源都能得到最大限度的利用,让企业的实际需要能够准确地体现出来,最终为企业的战略贯彻、作业协同、价值增长、经营现状等方面的决策提供支持。

预算管控是企业管理工作中非常关键的一个环节。之所以要进行预算管控,是因为它能帮助企业不断地对内部组织进行完善,帮助企业提升运行效率,让企业内各部门之间的联系变得更为密切,为企业的战略发展指明一条道路,对资源的分配进行不断改进,防止出现人力滥用、资源浪费等情况。但就目前的情况来看,大部分企业的领导者根本不重视预算管控,在做预算管控的过程中,通常会发生以下问题:

第一,绝大多数企业完全忽视了数据管理,导致成本数据非常模糊;

第二,需要使用什么方式对数据进行提取量化使用,是企业的高管与财务进行交流后才能确定的,但在绝大多数企业中,两者的交流非常少;

第三,高层领导者不具备财务思维,无法理解财务报表中的内容;

第四,明明清楚企业的资源出现了严重的浪费,却不知道应该如何解决;

第五,制定经营计划时过于注重细节,力求所有事情都做到完美,导致无法执行到位。

当我们了解了预算管控对于企业的重要性之后,就应该着手构建企业的预算管控机制,在这个过程中,我们应该与阿米巴经营模式相结合。阿米巴经营模式的预算管控机制与传统的预算管控机制有很大的差别,前者在管理原则、管理方法、管理目标等方面具有非常独特的优势,更适合当今时代的企业发展趋势和市场形式。

阿米巴经营模式虽然能够让企业高速发展,但在实际运用的时候,我们必须以企业的实际情况为基础对其进行调整,这样才能充分发挥出阿米巴经营模式的优势。那么在阿米巴经营模式下,企业应该通过什么样的方式进行预算管控呢(图7-3)?

图 7-3　在阿米巴经营模式下企业进行预算管控的方式

首先,构建企业的成本数据核算体系。

这个体系是非常重要的,能够让企业清楚地知道成本究竟花在了什么地方,除此之外,还需要打造一个信息共享平台。在阿米巴经营模式下,整个企业被划分为若干个阿米巴组织,所有阿米巴组织都应该建立一个独立的成本数据清单,阿米巴组织的成本信息、交易记录等数据都应该上传到企业的财务信息平台中,利用这一平台解决各个阿米巴组织统计时间不连贯、跨度大、划分不细致等问题。另外,财务人员还应该在第一时间对上传到信息平台中的数据做出反馈,与各个阿米巴组织的领导者进行分析讨论,最终实现成本控制的目的。

其次,培养全体员工的财务思维。

稻盛和夫认为,"所谓经营,数字便是一切""不懂财务数据怎能经营企业"。他表示,企业的领导者无论做出什么样的决策,都必须有数据作为基础,而数据最主要的来源就是财务报表,如果看不懂财务报表,就无法从中提取有用的数据,做出的决策也不够准确。

因此,企业的经营者必须能够理解财务报表中的内容,并形成财务思维,用财务思维找出企业存在的问题,以数据为基础进行决策。

在进行预算管控的过程中,如果只有企业的财务人员能够看懂报表,各个阿米巴组织的领导者不清楚本组织的数据,那么预算管控就无法发挥出任何作用。只有全体员工都具备财务思维,都能看懂报表中的数据,才能在开展业务的过程中更有效地对自身的成本进行控制,更高效地进行核算,最终实现最大限度的价值创造。

财务人员是经营者最好的"助手",因此应该定期组织培训,让全体员工都能了解财务的基础知识,形成财务思维。只有这样,全体员工才能准确地知道自己的价值输出和费用支出,才能懂得应该通过什么方式提升自己的工作效率,懂得如何对费用进行控制,减少浪费的情况,懂得如何减少隐性成本。

最后,掌握阿米巴财务核算表。

稻盛和夫认为,经营企业的过程其实就是努力实现"销售最大化,费用最小化"的过程。京瓷之所以能够取得今天这样的成绩,是因为稻盛和夫在数十年的经营过程中,一直坚持着"销售最大化,费用最小化"的原则。这条看上去非常简单的原则,让京瓷在长达数十年的时间里一直保持着高利润。

阿米巴会计与传统会计有着很大的区别,前者不仅将企业当作管理对象,还按照不同的部门类别、事业类别、地区类别、营业类别、工程类别、商品群类别、客户类别、项目类别,以年、月、周、日为周期,对阿米巴组织短时间内的经营状况进行统计分析,为经营者的决策提供强有力的数据支持。除此之外,阿米巴会计还可以根据企业的规模以及业务种类、主要产品、企业组织、不同项目等,打造可以对各个阿米巴组织的收入和成本进行核算的体系,该体系还能核算出阿米巴组织的单位时间附加值。

2021 年汪洋老师为寰宇集团落地阿米巴经营模式

在阿米巴财务报表的帮助下,企业的经营者能够轻而易举地了解每一个阿米巴组织的经营情况,一眼就能看出阿米巴组织存在的问题。

企业要想提高管理效率,最好的方式就是进行转型升级,在这个过程中,最好学习一些阿米巴经营模式的思维,并构建预算管控体系。在进行预算管控的过程中,必须理顺所有业务板块的管理需求,确保后期能够使每一位员工都参与其中,这样才可以让预算管理发挥出最大的作用。而要想实现这一点,企业就必须确保团队的稳定性,确保拥有优秀的人才培养机制,让员工在日常工作中逐步培养出核算意识,使员工的工作效率得到提升,积极对成本进行控制,避免出现资源浪费的情况。

7.4 体系生成:全景生成阿米巴经营计划体系的 4 个诀窍

构建阿米巴经营计划体系并不是一件容易的事情,需要花费大量的时间和精力,是一项系统工程。因此,企业在落实阿米巴经营模式的过程中,一定不能过于浮躁,要一步一步地走,从整体的角度制定企业的战略目标,然后逐步制定具体的推进计划,再逐步执行计划。在这个过程中,可以参考以下 4 点诀窍(图 7-4):

1	2	3	4
阿米巴经营计划应该同时具备月度计划、年度计划和中期规划	利用合理的目标发掘员工的潜力	对月度计划进行灵活调整,使"冰冷的"书面计划变成"有温度的"管理工具	光有计划还不够,一定要对结果进行追究

图 7-4 全景生成阿米巴经营计划体系的 4 个诀窍

第一,阿米巴经营计划应该要同时具备月度计划、年度计划以及中期规划。

通常情况下,阿米巴经营周期是以"月"作为单位的,所以月度计划对阿米巴来说是非常重要的,而制定月度计划的前提是年度计划。月度计划的主要内容,是本月的目标以及通过什么方式实现这一目标;而年度计划的主要内容,是阿米巴领导者对"本年度通过什么方式对阿米巴组织进行经营"这一问题做出全面解释。除了这两个计划,中期规划也是非常重要的。之所以要制定中期规划,是为了让阿米巴领导者以市场动向和技术发展趋势为基础,为阿米巴组织制定一个更长远的发展目标。我们可以将年度计划和中期规划看成是一幅尚未完成的草图,而月度计划则是对这幅草图的细节进行补充并涂上颜色,让这幅图更加生动形象,更加清晰。

第二,利用合理的目标发掘员工的潜力。

什么样的目标才算是合理的目标? 通过什么方式才能制定出合理的目标? 稻盛和夫表示,在制定目标的过程中,一定要以发展的眼光看待自己的能力。凭借自身现有的能力是否能够实现目标,这是一件非常容易判断的事情,但如果一直用这样的思维制定目标,那么就会一直原地踏步。目标具有一定的难度,但又在力所能及的范围内,这样才能使自身的能力不断提高,才能让自己的经营绩效不断提升。需要注意的是,目标必须是员工通过努力就能实现的,如果无论员工如何努力,目标都无法实现,那么时间长了,员工就会逐渐失去信心,没有了努力的动力;如果目标是员工不需要任何努力就能实现的,那么也会在一定程度上阻碍企业的发展。所以,虽然高目标能够最大限度地激发员工的潜能,但在制定目标的时候,一定不要一味追求挑战性,要确保目标在一个合理的范围内。

第三,对月度计划进行灵活调整,使“冰冷的”书面计划变成“有温度的”管理工具。

很多企业为了省事,只设计了年度计划,没有设计月度计划,这样做的后果就是企业的经营脱离实际情况,计划无法顺利执行,无法为经营者判断企业的经营情况提供任何帮助。所以,在每月的月初,企业应该结合上个月的经营情况对本月的月度计划进行灵活调整。有了最新的市场消息,才能让计划中的目标值变得更加精确,才能让阿米巴组织的领导者和企业的经营者更准确地控制未来趋势,并在第一时间采取相应措施,避免发生无法挽回的情况。

在对月度计划进行灵活调整的过程中,最重要的就是结合上月的经营情况,对本月的经营计划进行调整。换个角度来看,调整并不是为了让目标值变得更加精确,而是为了帮助阿米巴领导者判断在上月的基础上还应该提升多少利润,或是在市场环境越来越差的情况下可以减少多少损失。

第四,光有计划还不够,一定要对结果进行追究。

一份无法实现的年度计划没有任何存在的意义。计划就相当于一个承诺,做出了承诺,就必须兑现,如果一份计划不追究结果,那么制定计划的人本身也不会

135

重视计划。在阿米巴经营模式下,领导者更注重制定计划的过程,其次才是追究结果的过程。全体员工共同参与,不断地研究讨论,最终制定出一份具备可行性的计划,并通过可靠的方式去实现这一计划,这才是阿米巴经营所强调的目标。假如制定的计划不具备任何可行性,没有任何科学依据,那么执行的结果必然也是不好的。所以,我们一定要将所有精力集中在制定计划上,尽可能地将自己所有的想法都加入到计划中。

在阿米巴经营模式下,各个阿米巴组织的领导者自行根据本组织的情况制定月度计划、年度计划、中长期规划,这样才能形成领导者的经营意识,让他们知道本阿米巴未来的发展完全取决于自己的所作所为,意识到自己身上的责任重大,最终培养出众多可以站在企业决策层角度思考问题的经营人才。

7.5 落地保障:执行经营计划时的过程管控与数据管控

要想让阿米巴经营计划能够在企业内顺利落实,最关键的就是做好月度的预测实绩分析。在制定计划的过程中,要想明确各个阿米巴组织的月度经营计划,该组织的领导者就一定对月度经营计划负责,要确保组织能够顺利实现这一计划。因此,制定月度损益计划的前提是制定好年度损益计划。以年度损益计划为基础,充分考虑各种各样的变动因素(比如季节变化、市场变化等),然后再制定月度损益计划,这样的计划才是恰当的。

绝大多数企业会在每年的年初,根据企业上一年度的经营情况,制定本年度的经营计划。然后将年度经营计划拆分为月度经营计划去实施,但这样的做法明显是不对的。计划并不是一成不变的,需要根据外部的市场变化、国家政策变化、内部的团队变化等情况进行持续优化。接下来,我们详细介绍一下执行经营计划时的过程管控流程。

1. 根据实际情况明确计划管理的标准

(1)确定损益单位部门,并将部门的领导者任命为直接责任人。

(2)根据不同的科目确定各部门的固定费和变动费。

(3)根据实际情况确定变动费中各个项目对应的销售额比例的标准值。

(4)对固定费的各个项目进行进一步划分,明确纯固定费和变动固定费。纯固定费是指无法进行管理的固定费,即设备折旧、房租等不会发生任何变化的固定费。纯固定费是不能通过管理减少的,所以一般用绝对额进行管理。变动固定费是指能够进行管理的固定费,即办公费、人工费、水电费、电话费等可以出现变化的固定费。变动固定费是可以通过管理减少的。

(5)根据实际情况明确可管理费用各项目的标准值。

2. 管理计划的执行过程

(1)根据实际情况明确能够进行管理的各个项目的标准值。

(2)做好月度决算(变动费、销售额、固定费、边界利润、经营利润等),并确定固定费、变动费中各个项目的明细。

(3)根据固定费、变动费的项目类别,设计预测实绩一览表,界定各二级、三级科目的区别。

3. 判断评价

(1)以变动费项目类别的实绩为基础,核算变动费对应的销售额比例是否存在异常值,如有,必须及时消除。

(2)以固定费项目类别的实绩为基础,核算固定费的绝对值与计划值是否存在异常,如有,必须及时消除。

(3)分析变动费与固定费的实绩为什么会出现异常,并根据分析的结果对管理进行优化。

(4)对除了异常值以外的其他差异,利用经营利润的状况分析解决。

4. 要求各部门的领导者对异常值进行理解,找出问题的原因并及时解决

从本质上讲,执行年度经营计划很大程度上需要依靠月度利润预测实绩分析。而月度利润预测实绩分析其实就是对本年度各个月份的利润计划进行横向比较、全面分析,并通过月度结算判断月度利润实绩与计划值的差距,然后通过定量分析,找出存在的问题,并制定解决的办法。

另外,企业要想更好地发展,就必须改变从前粗放式的数据运用方式,要对数据进行精细化的运用。数据可以体现出企业最真实的经营情况,数据越精细,阿米巴经营也会越精细,这就要求对数据进行管控(图 7-5)。

图 7-5　数据管控

1. 慢慢减少核算周期

在阿米巴经营模式中,核算周期最小的时间单位是"日",这也就意味着,阿米巴组织需要在当天工作结束后,立即统计出当天的实际经营业绩,并将这一数据传递给现场,让阿米巴组织的领导者和企业的经营者能够在第一时间了解企业经营的实际情况,从而做出准确的经营决策。

更重要的是,现场负责的员工在当天的工作结束后,就可以立即看到自己的工作成果,通过反馈及时发现自己存在的问题并立即改正,以使自身的能力得到不断提升。但在实际操作的过程中,绝大多数企业的实际业绩都是以月为周期进行统计的,部分企业甚至是以季度为周期进行统计的,每天的工作情况无法得到及时有效的反馈。统计周期长,就意味着员工只能凭着自己的记忆找出先前存在的问题。我们暂且不去考虑记忆是否会出现偏差,单从心理的角度来看,绝大多数人都不希望早已过去的事情被重新提起,对自己之前的错误进行批判,会在很大程度上影响员工的工作积极性。

但是要做到每天核算一次并不是一件简单的事情,特别是对于中国企业而言,因为中国企业的经营管理基础较为薄弱,每天核算一次的难度非常大。

从本质上来讲,每天核算的难点不在于财务人员的努力,也不在于计算机的速度,而在于整个企业的制度体系。能否实现每天核算,取决于企业的管理水平如何。

中国有句古话叫作"没有金刚钻,别揽瓷器活",有多大的本事就做多大的事情。所以在进行阿米巴核算的过程中,可以一步一步来,没必要直接以"日"为单位进行核算。可以先从季度开始,慢慢转变为月,再慢慢转变为周,最后转变为日。实际上,到目前为止,除了京瓷之外,还没有任何一家企业可以将阿米巴经营运用到如此精细的程度。

2. 逐渐提升数据划分的精细化程度

在京瓷,费用的划分是十分精细的,以水电费为例,绝大多数企业都是将水费和电费合并为水电费进行统计,而京瓷却将两者区分开来,水费就是水费,电费就是电费,只有足够精细化才能准确地知道成本源自哪里,才能进行有效的成本控制。京瓷之所以能够做到如此精细,是因为他们的阿米巴组织体系发展了很长一段时间,在不断改善下变得越来越精细。对于刚刚引入阿米巴经营模式的企业来说,没必要追求精细,首先要做的是对自身的阿米巴组织体系进行改善,然后再慢慢追求数据划分的精细化。如果不考虑企业的实际情况,直接要求数据划分达到很高的精细化程度,只会大幅增加员工的工作量,严重阻碍阿米巴经营模式的落地。

部分企业在运用阿米巴经营模式的过程中,没有理解核算的本质,只是单纯地为了核算而进行核算,从而导致员工人数不断上升,不仅无法提高企业的经营效率,还导致人均劳动生产率降低,违背了阿米巴经营的初衷。

我们一定要知道,分析数据的最终目的是为企业的经营提供支持。因此,企业在最初划分阿米巴组织的时候,不必过于追求数据的精细化,数据只要可以真实地体现出收入来源和支出来源就足够了。运用数据的过程与构建组织体系的过程是一样的,都需要逐步进行。当企业的经营能力不断提高,阿米巴组织体系越来越精细的时候,再去提升数据的精细程度,这才是最合适的做法。总之,数据的运用要和阿米巴的推行程度相匹配,不要一味追求数据精细化。

7.6 【案例】A 热力公司的经营计划制定与预算配合

2020 年是不幸的一年,也是值得被铭记的一年。疫情让不少企业消失在了历史中,坚持下来的企业也大多压力重重,然而 A 热力公司却依旧保持盈利,并为员工增加了薪酬。董事长吴总是位有着宏大格局的老板,他将这场疫情看成是一种机遇而非危机,高瞻远瞩地制定了集团 4 大工作主线。A 热力公司的目标不是渡过疫情难关,而是成为屹立不倒的行业标杆。

2019 年汪洋老师为中环寰慧集团落地阿米巴经营模式

2020 年 6 月,旌华咨询与 A 热力公司集团结缘。经过 6 个多月的合作,随着阿米巴经营模式的落地,员工的积极性和工作热情被极大地提升,团队精神面貌发生了巨大改变,保障了集团各项重点工作的顺利开展。通过赛马机制涌现出一大批先进典型和优秀管理者、骨干员工,为集团后续发展奠定了人才基础。经营管理能力明显提升,生产经营工作取得了可喜成效:半年时间,阿米巴经营空巴量化建议共计 800 余条且全部达成,合计节约 3000 多万元;2020 年收入同比增长 10％以上;息税前利润同比涨幅 30％以上。

2021 年 1 月 19 日,旌华团队汪洋、彭宝英、朱明晓等顾问参加了 A 热力公司集团 2020 年度阿米巴经营项目总结大会。具有"阿米巴咨询行业穆桂英"之称的彭宝英老师从经营哲学落地、激励机制赋能终端、团队具备经营思维和日常工作有效融合、以市场量化结果为导向的开源节流、线上和线下辅导相结合、可复制标准化体系打造等方面进行了整体落地总结,并深入剖析了当前集团存在的卡点和需提升点,提出了 2021 年度继续合作的陪伴计划。朱明晓老师对工程安装公司进行了专题分享,集团和各分公司、子公司总经理结合自身企业实际情况分享了阿米巴落地后的提升转变和经营成效,并提出了改进建议和新需求。

2021 年汪洋老师与中环寰慧集团签订新年度合作

　　A 热力公司集团董事长吴总对旌华团队的辛勤付出给予了充分肯定,并强调要与旌华咨询沟通拟定 2021 年度阿米巴工作计划,回归本质,提升经营效率,实现经营数字化,将阿米巴经营哲学转变为内在动力,并结合供热行业特点,将推行阿米巴的经营效益变成可对外输出的管理实践,为供热行业的发展提供可借鉴的经验和可复制的经营模式。

第8章 / 推行落地：
阿米巴经营的落地与持续循环改善

　　要想让阿米巴经营模式在企业中成功落地，并且充分发挥其作用，仅仅通过对企业进行划分、建立独立核算制度、构建经营报表是不足以实现这一目标的。本章针对阿米巴经营的落地与持续循环改善的各方面问题提出建议，以供大家参考。

8.1　重视层级:推行阿米巴经营落地是"一把手工程"

落实阿米巴经营模式的过程,是从上到下全员贯彻,打造一个完善体系的过程,在这个过程中,"一把手"非常关键。在落实阿米巴经营模式的过程中,一定要搞好"一把手工程"。

在落实阿米巴经营模式中,一把手是核心力量

简单来说,"一把手工程"就是指采取阿米巴经营模式的企业应该让全体员工形成严格按照"一把手"的意志执行经营活动的意识。我们所说的"一把手",并不单指企业的最高领导者,还包括各个阿米巴的领导者,也就是巴长。能不能做好"一把手工程",决定了阿米巴经营模式能否在企业内贯彻落实。

1."一把手"必须让员工了解阿米巴哲学

阿米巴经营哲学是推进阿米巴经营模式的前提条件,"一把手"必须让员工了解阿米巴哲学。而让员工学会阿米巴经营哲学,理解并执行阿米巴经营哲学,并不是一件简单的事情,"一把手"必须以身作则,对员工进行思想宣导,转变员工的观念。从本质上讲,阿米巴经营就是改变员工的思想,从重视行动转变为重视思想,管理模式由粗放式转变为精细化。要想进行如此之多的转变,一定要克服原有的路径依赖,要从思想方面对员工进行教育,只有员工的思想改变了,后续的工作才能更好地进行。

推行阿米巴经营模式的企业中的员工是否了解阿米巴经营哲学,了解到什么程度,可以反映出企业家对阿米巴经营模式的推进力度。我们所说的"哲学共有",简单来说就是把企业最高领导者的思想、意志传递给企业的全体员工,所以,"哲学共有"一定要由"一把手"来完成,通过阿米巴经营哲学,培养出与企业家思想、意识相同的优秀人才。

2.阿米巴经营模式要求企业的最高领导者一定要做到以身作则

试想,企业最高领导者自己都做不到的事情,却要求员工去做,员工会是什么反应? 所以,身为企业的最高领导者,在向员工传递"敬天爱人""利他"等思想之前,必须自己先做到,然后再要求员工也做到。要想让员工学习阿米巴经营哲学,企业的最高领导者也必须以身作则,让员工看到阿米巴经营哲学为企业带来的好处,为自己带来的好处,这样员工才会主动去学习。还有一点特别关键,企业的最高领导者需要将内心真实的想法告知员工,要让员工知道老板想的是什么,员工才能更好地工作。以上提到的这些全部做到,才能让阿米巴经营模式的推行取得实质性进展。

3. 权利的增强需要有相应的约束

在阿米巴经营模式下,"每一位员工都是企业的主人",因此,员工的权力在一定程度上得到了增强,巴长对内职权增大,而这一切都会导致企业一时无法适应。因为存在路径依赖,所以阿米巴经营模式在刚开始实行时必然会受到极大的阻碍。为了让阿米巴经营模式在企业内顺利实行,确保经营管理朝着良好的方向发展,企业的"一把手"一定要结合企业的实际情况以及阿米巴经营的特点,打造一个完善、合理的权力体系,对员工的权力进行约束,避免内部发生权力矛盾。

4. "一把手"应该对资源进行管理

因为阿米巴是自主经营、自负盈亏的组织,所以容易导致做任何事情都以自身为中心,只追求自己的利益,最终导致各个阿米巴之间不能通力协作,这背离了阿米巴经营的初衷。首先,各个阿米巴之间必然存在竞争,有竞争就肯定有失败者,在竞争中失败的阿米巴,利益就会受到损害,这有可能导致阿米巴之间发生冲突。另一方面,阿米巴经营追求各个阿米巴组织都达到最优,但在一家企业中,每个阿米巴的实力是不一样的,就好像人的手指各有长短,适合做的工作也不同,如果所有手指一样长,那整个手的作用就不能完全发挥出来。因此,究竟哪根手指长,哪根手指短,就需要"一把手"进行决策了。

"一把手"需要"抓大放小"

需要注意的是,"一把手工程"虽然重要,但并不意味着所有事情都必须由企业的最高领导者亲自去做,企业的最高领导者所扮演的角色应该是"掌舵人",只需要确定大的方向,至于具体细节则交由下面的人来完成,这就是我们所说的"抓大放小"。阿米巴经营模式强调要激发每一位员工的工作积极性,这就需要给予他们相应的权力,因此"一把手"在确定了企业的发展方向后,应该将次要的管理权限下放给员工,让员工参与到企业管理中,激发员工的工作积极性。这样做主要有两方面的好处,如图 8-1 所示:

一是将权力下放给员工，更容易发掘出优秀的管理人才

二是将权力下放给员工，能够让员工充分发挥自身的聪明才智，推动企业的发展

图 8-1　让员工参与到企业管理中的好处

"全员参与，人才培养"是阿米巴经营的核心。在阿米巴经营模式下，结果并不是那么重要，过程才是最重要的。企业的最高领导者应该利用经营哲学思想对员工进行教育，而做到这一点需要很长的时间，是一项系统化的工作。阿米巴经营模式强调"销售最大化，费用最小化"，要想做到这一点，就必须让经营过程中的每一个环节都做到相通相融，准确、精细地对组织进行划分，界定各个阿米巴的巴长所需要承担的责任。企业的高层领导在打造阿米巴经营系统的时候，一定要做到精细化、规范化，要让全体员工都掌握经营哲学思想，要对企业的组织架构进行全面、深入的梳理，要明确每一位员工的职责，要对企业的制度流程进行不断优化，要对企业的组织授权进行不断完善，要打造一个科学合理的奖惩考核激励体系，要对人员配置进行优化，确保合适的人在合适的岗位上工作。除此之外，企业的高层领导以及各个阿米巴的巴长还要以身作则，强化过程管控和结果导向。"一把手"做好相关工作，每一位员工都参与到企业的经营管理中，阿米巴经营模式才能朝着良好的方向不断发展。

8.2　实施流程：阿米巴经营落地的 3 项原则

稻盛和夫将毕生的实践经验总结成了阿米巴经营模式，这一经营模式在近些年受到了许多人的关注，而稻盛和夫不断强调，在引入阿米巴经营模式的过程中，一定要循序渐进，一步一个脚印，不可操之过急，这样才可以顺利落地。接下来，我们来看看阿米巴经营落地时必须遵循的 3 项原则(图 8-2)。

图 8-2　阿米巴经营落地的 3 项原则

1. 循序渐进

首先我们需要明确的是，只有拥有稳定的地基，才能建成高楼大厦。阿米巴经营模式是一个十分复杂的系统，因此绝不可能一步到位。企业在引入阿米巴经营模式的过程中，必须循序渐进，打好每一个基础，切不可操之过急。许多企业就是因为过于急躁，最终导致阿米巴经营模式无法顺利落地。

阿米巴经营主要分为三大部分，即组织模式、经营哲学和经营会计，企业必须结合自身的实际情况，逐步将其引入。

就目前的情况来看，我国有不少企业在引入阿米巴经营模式的过程中过于注重经营方式和经营工具，忽视了经营哲学。这些企业根本没有意识到，阿米巴经营模式之所以能让许多企业走向成功，之所以能发挥出如此巨大的效用，其实并不是因为它的经营方式，也不是因为它的经营工具，而是因为它的经营哲学。经营哲学是阿米巴经营的地基，地基稳固与否，直接决定了整座大厦是否稳定。

我国引入阿米巴经营模式的部分企业陷入了一个误区：重硬件(方式、工具)，轻软件(经营哲学)。阿米巴经营模式的软件部分其实非常重要，要想取得成功，就必须软硬兼施，既要重视硬件，也要重视软件。理解了阿米巴经营的软件之后，才能确保硬件顺利运行。因此，我们必须严格根据步骤引入阿米巴经营模式，一定要先打好地基，也就是推行好经营哲学。经营哲学是阿米巴经营模式的灵魂，一个人如果失去了灵魂，就像失去了生命一样，和行尸走肉没有什么区别；企业也是如此，没有灵魂的企业不可能取得成功。

根扎得越深，枝叶越繁茂。需要强调的是，阿米巴经营模式并不只是提高企业经营效益的一种模式,同时也是培养人才的一种模式。对于企业来说,阿米巴经营模式的价值除了改善经营之外,还包括为企业培养出更多、更优秀的具有经营意识的人才,建设一支强大的人才队伍。阿米巴经营模式所讲究的是"全员参与式"经营,每一位员工都是企业的主人,都参与到企业的经营中,最大限度地发挥出员工的价值。而要想让员工具备经营者意识,就必须要有平台让员工发挥自身的才能,而组织划分就是一个创造平台的方式,将整个企业划分为若干个相互独立的阿米巴组织,从全体员工中筛选出合适的人成为阿米巴组织的领导者,领导阿米巴组织的发展,并在这个过程中逐渐形成经营者意识。通过这样的方式,企业就从由一个经营者管理转变为由多个管理者共同经营,既提高了经营者的工作效率,又培养了管理者的经营意识。另外,小组织远比大组织灵活,在市场发生变化时,能够更快、更好地做出反应,增强了企业整体的适应能力。

2020 年 8 月,阿米巴落地咨询班成都站现场

从长远的角度来看,将权力下放给巴长,能够为企业带来更多具有经营意识的人才,而人才是企业最具价值的资源。同时,巴长在领导阿米巴发展的过程中,必须掌握更多的管理知识、财务知识,因此,我们必须引入阿米巴经营会计,让每一位员工都能看懂经营报表,都能根据核算对阿米巴进行经营。

阿米巴经营强调"如玻璃般透明的经营",每一位员工都能了解企业真实的经营情况。财务会计简单化之后,每一位员工都能理解经营报表中的数据,都能知道自己的工作为企业做出了多少贡献,因此会积极主动地思考通过什么方式才能改善经营状况,才能提高销售、降低费用。当全体员工都在为阿米巴的发展而努力时,企业自然而然也能不断地发展。

阿米巴经营是一个十分复杂的系统,在引入的过程中应该循序渐进。经营哲学改变了员工的思维,为阿米巴经营打下了基础。组织划分为员工创造了无数个发挥自身本领的平台,让每一位员工都能在这些平台上大展拳脚,为企业培养了大量具有经营者意识的人才。经营会计是阿米巴经营的利器,每一位员工都能看懂企业的经营情况,知道自己的工作为企业带来的贡献,使员工能够积极思考如何改善经营,充分调动了员工的工作积极性。

2. 整体大于局部

独立核算是阿米巴经营的核心。所谓独立核算,简单来说就是各个阿米巴组织的经营利润都是独立的。因此,有不少企业改变了考核的方式,将阿米巴组织的经营利润与奖金紧密联系在一起,希望以此激励阿米巴组织提高经营利润。实际上,这样的方式会导致各个阿米巴组织只在乎自身利益,忽视企业的整体利益,各阿米巴之间会因为内部交易的定价而吵个不停,发生问题之后第一时间想的不是如何挽回损失、如何解决问题,而是如何推卸责任,最终导致企业的经营情况不但没有得到改善,企业内部的矛盾反而不断加剧。

从中我们就能看出,绩效考核的方式对于阿米巴经营来说是十分关键的,无论在什么情况下,企业的整体利益都是大于局部利益的。为了避免出现阿米巴组织为了追求自身利益而损害企业利益的情况,绩效考核的方式必须做出改变,比如说根据一定的比例,从企业的整体利润中抽取一部分作为奖金,然后根据各个阿米巴组织的贡献进行分配。组织内部还需要根据各个员工的贡献进行分配,这样能够最大限度地为企业的整体利益提供保障,为员工的利益提供保障。

3. 合作大于竞争

从本质上来讲,阿米巴经营模式是一种团队合作的模式,虽然各个阿米巴相互独立,但各个阿米巴之间的关系应该是合作关系,而不仅仅是竞争关系。

举个例子,在阿米巴经营模式下,某生产型企业根据工序将生产流程中各相关部门划分为若干个阿米巴组织,每个阿米巴组织负责一道工序,在这样的情况下,为了确保生产的顺利开展,下一道工序必须购买上一道工序的产品。

而无论在什么企业中,采购部门都是一个十分重要的部门,在采购的过程中,竞争就已经产生了。比如,负责 A 工序的阿米巴组织生产出来的产品如果价格过高或质量过差,那么负责 B 工序的阿米巴组织可以选择不进行内部交易,转向外部市场进行购买。因此,负责 A 工序的阿米巴组织必须确保产品的竞争性,确保价格合适、质量合格,否则自己的产品就卖不出去。通过这样的方式,每一道工序都会努力提升自己的产品质量,降低成本,以提升自己的核心竞争力,因此,企业整体的核心竞争力也得到了提升。

在阿米巴经营模式下,无论企业被划分为多少个阿米巴组织,企业都是一个整体。在经营企业的过程中,各个阿米巴组织之间必须合作,谁也无法独立存活。

需要强调的是,不管通过什么方式进行划分,也不管通过什么方式进行内部竞争,本质都是为了企业得到发展,为了向客户提供更好的产品或服务。所以,竞争其实是为了更好地合作。

举个例子:某天,为了争取一位新的大客户,销售部门压低了订单的价格,此举导致生产部门不满意,因为在企业内部,销售部门与生产部门属于竞争关系,销售部门给的价格低,那么生产部门完全可以选择将产品售卖到企业外部。但为了企业整体的发展,两者必须在上级阿米巴领导者的协调下进行配合。

研发部门为了能够更准确地了解市场情况,必须与市场部门进行深入合作;物流部门在制定物流计划时,也一定要得到营销部门的配合。

总的来说,阿米巴经营虽然强调内部竞争,但这只是表面的关系,只有通过竞争的方式推动合作,才是阿米巴经营的本质。

8.3 阻碍破除:导入阿米巴经营过程中可能遇到的阻碍

被称为日本"经营之圣"的稻盛和夫花费了很长时间将自己数十年的企业经营经验系统总结成阿米巴经营哲学。阿米巴经营模式进入中国后,瞬间吸引了大量企业经营者的目光,他们纷纷开始尝试将阿米巴经营模式引入自己的企业,甚至一度掀起一股学习阿米巴经营的热潮。无论什么企业,当想要改善自己的经营情况,想要进行改革的时候,第一时间就会想到阿米巴经营模式。但是也有不少企业在引入阿米巴经营模式的过程中遇到了困难,导致阿米巴经营模式没能顺利落地。接下来,我就向大家介绍一下,在引入阿米巴经营模式的过程中常常出现的一些问题,也就是导入阿米巴经营过程中可能遇到的阻碍(图8-3)。

企业领导者的意识观念问题

使用的导入工具、方法不合适

阿米巴内部定价的障碍

使用的方式不符合
企业的实际情况

企业的信息公开障碍

图 8-3　导入阿米巴经营过程中可能遇到的阻碍

1. 企业领导者的意识观念问题

　　企业的最高领导者是否足够重视阿米巴经营模式,在引入阿米巴经营模式的过程中做了什么努力,这些都直接决定了阿米巴经营模式能否在企业内顺利落地。对于企业来说,引入阿米巴经营模式是一场重大的改革,企业中的所有部门、所有员工都会被卷入这股改革的浪潮,很多人的切身利益会直接受到影响,因此在推行阿米巴经营模式的过程中,必然会遇到一些阻碍,这是非常正常的。对于这种情况,企业的最高领导者一定要足够重视,要参与到改革中,并对下属进行监督,否则,阿米巴经营模式在企业内顺利落地几乎是不可能实现的。因此,当一家企业想要引入阿米巴经营模式的时候,最关键的就是企业的领导者一定要先弄懂什么是阿米巴经营,要深入、全面地理解阿米巴经营模式,并且在开始引入的时候就充分体现出自己对阿米巴经营模式的重视,在引入的过程中积极参与,不断监督。

　　阿米巴经营模式与阿米巴经营哲学是相辅相成的关系。在引入阿米巴经营模式的过程中,思想的转变尤为重要,因此企业的最高领导者必须组织员工学习阿米巴经营哲学。在经营哲学中,有一个思想非常关键——"想要取得成功,就必须付出不亚于任何人的努力"。因此,无论是在引入阿米巴经营模式的过程中,还是在学习阿米巴经营哲学的过程中，企业的最高领导者都必须做到以身作则并且付出不亚于任何人的努力，这直接决定了员工是否愿意接受变革，是否愿意学习阿米巴经营哲学。部分企业的最高领导者会认为自己在创业的时候已经付出了太多的努力，受了太多的苦，好不容易得到了现在的地位，应该开始享受了。如果抱有这样的思想，那么引入阿米巴经营模式就不可能取得成功。领导者都开始贪图享受了，还有什么资格要求员工去努力奋斗呢？

2. 使用的导入工具、方法不合适，无法发挥出效果

部分企业的经营者根本不了解什么是阿米巴经营，不懂得阿米巴经营的核心是什么，只知道这是一个能够改善企业经营状况的模式，然后就开始引入阿米巴经营模式了。因为自己不了解，所以只能直接模仿甚至照搬其他企业的操作方法，像这样不结合企业实际情况引入阿米巴经营模式的方法，肯定会走向失败。如果企业不了解阿米巴经营模式的内核，不了解其本质和存在的意义，就不可能掌握阿米巴经营模式的精髓，更不可能打造一套简单的、能够执行的、富有逻辑性的经营模式。

在阿米巴经营模式下，每一个阿米巴都是自主经营、独立核算的组织，而这里所说的"核算"，并不是传统的财务核算，而是简化后的阿米巴经营核算。之所以要简化，就是为了确保全体员工都能看懂。特别是在实际核算的过程中，或许会涉及许多对财务知识一窍不通的员工，如果无法确保工具的简单性，那么就无法确保核算能够顺利实施。但需要注意的是，简单并不意味着打造一个这样的工具是非常容易的，结果越简单，逻辑推理过程其实越复杂。

阿米巴经营模式其实是一种经营的艺术，其中涉及的所有内容，如阿米巴内部定价、组织划分、业绩评价以及构建经营报表等，都是非常专业的，如果没有经过系统化的学习，那么根本无法理解这些内容，也无法顺利推行阿米巴经营模式。但绝大多数企业家只了解了一些皮毛，就认为自己是一个"专家"，企业的高管也没有花费精力去研究阿米巴经营模式，在什么都不懂的情况下，就凭借自己的理解开始推行阿米巴经营模式，结果刚开始就遇到了极大的阻碍，最终只能半途而废，放弃推行。因此，企业要想顺利地推行阿米巴经营模式，并使其在企业内成功落地，就必须有相关的管理技术作为支撑。

3. 阿米巴内部定价的障碍

企业在进行阿米巴内部定价的时候往往会遇到各种各样的障碍，其主要原因是企业打造的内部交易市场根本不完善、不合理。主要表现在三个方面：一是企业的内部市场是完全封闭的，和外部市场没有任何连接；二是企业的内部市场是双边垄断的，阿米巴组织购买产品只有一个选择对象，出售产品也只有一个选择对象；三是企业的内部市场是交割买断的，简单来说就是上游提供的产品或服务被下游的某个阿米巴买断了，在这种情况下，上下游之间的交易定价决定了通过什么方式对利益进行切割，阿米巴之间的利益诉求就出现了对立。

如果企业的内部定价是由上级领导决定的，那么这个领导就必须做到不偏袒任何一方，还要对每一个环节都非常了解，这样才能给出一个相对合理的价格，但做到这一点并不是一件简单的事情。就算上级领导具备了上述条件，但是没有衡量的标准，各个阿米巴仍然会站在自己的角度上思考。部分阿米巴可能会觉得这个价格根本不合理，进而怀疑领导偏袒某一方，最终导致各个阿米巴之间相互猜忌，产生内耗。要想解决这样的问题，就必须改变机制，仅靠道德是无法解决的。

还有一点特别重要，就目前的情况来看，根本没有一个合适的方式对管理部门和研发部门进行定价。假如企业中只有一些部门实施了内部核算制，另一些部门没有实施，那么前者非但不能激励后者，甚至可能会产生负面影响。要想将职能部门划分为阿米巴并推行内部服务收费制，就会出现一个新的问题——通过什么方式才能制定一个合理的服务价格？如果这个价格无法得到全体阿米巴组织的认可，那么进行阿米巴内部定价肯定会产生各种各样的阻碍。

4. 划分阿米巴组织所使用的方式不符合企业的实际情况

要想推行阿米巴经营模式，阿米巴组织划分是非常重要的。阿米巴组织划分是否正确、是否合理，直接决定了阿米巴经营能否顺利实施。因此，企业在引入阿米巴经营模式之前，必须想清楚应该通过什么方式对阿米巴组织进行划分。阿米巴经营理念中并没有一个划分的标准，究竟通过什么方式进行划分，取决于企业的实际情况。

某企业为了更好地划分阿米巴组织，花了大量费用聘请了一家专业的阿米巴辅导机构，在该机构的辅导下花费了大量时间进行研究、划分，但没有取得什么效果。之所以会出现这样的情况，是因为该企业在划分阿米巴组织的时候，根本没有掌握要领，划分的方式也不符合企业的实际情况。该企业只是简单地按照市场链环节，将企业中的部门组合为 4 个事业部——生产部、产品部、营销部、物流部，这完全就是照搬多年前海尔推行市场链时所采用的本部制。像这样的"阿米巴组织划分方式",很多企业都使用过,但截至目前,还没有任何一家企业能够取得成功,就连海尔也放弃了这一方式。原因在于,通过这种方式划分出来的阿米巴组织,在效能方面远远比不上产供销一体化的事业部组织。除此之外,这样划分的阿米巴组织的规模过于庞大,内部结构过于复杂,只有阿米巴的负责人关心本阿米巴的情况,员工根本不会关注。

在我国,有大量的制造型企业所使用的阿米巴组织划分方式与上述企业一模一样,其中只有少数企业因为本身的组织氛围好、领导力强,暂时取得了一定的成果,后续的各种负面效应,如阿米巴组织之间的博弈、内部交易成本过高、组织过于笨拙等直接盖过了正面影响,得不偿失。

因此,企业要想顺利推行阿米巴经营模式,就一定要做好阿米巴组织划分,这是非常重要的一个因素。为了做好阿米巴组织划分,企业的高层领导应该对企业当下的经营流程和运营状况进行全面深入的分析,然后以企业本身的组织结构特点为基础,结合运作方式的特点,以"充分激起员工能动性、便于清晰核算"为目标划分阿米巴组织。划分结束后,还需要在不断实践的过程中,结合实际运行的效果对阿米巴组织进行不断优化调整,直至达到预期效果。

5. 企业的信息公开障碍

"玻璃般透明的经营"也是阿米巴经营模式的原则之一。但绝大多数企业在推行阿米巴经营模式的过程中,都会遇到一个问题:企业的信息十分敏感,不便于公开。在这样的情况下,企业只会选择公布一些涉及核算的信息,其他信息则捂得严严实实。员工没有准确、清晰、全面的信息,就无法做出正确的决策,更无法顺利地开展工作。还有一点更为重要:企业不公开信息,是不信任员工的表现,这就会导致员工也不信任企业,双方互不信任,如何取得发展呢?

企业的经营信息究竟要不要公开? 要通过什么方式公开? 这就要看企业的实际情况了。如果选择不公开,就一定要有充分的理由说明为什么不公开,要让员工认可这个理由,这样才能避免信任危机。但无论是否公开经营信息,与核算相关的信息都一定要公开,如果其中涉及的信息需要保密,那么我建议通过分层的方式公开,处于什么样的层级,就能知道什么样的内容。

企业改变经营模式,本身就是一件难度非常大的事情,在这个过程中,必然会出现各种各样的问题,这是十分正常的。既然我们无法避免问题的出现,就应该努力去解决问题。在引入阿米巴经营模式的过程中,一定不能局限于阿米巴经营理念,要结合企业的实际情况,结合企业的环境,结合领导者的能力进行改变,这样才能顺利推行阿米巴经营模式。除此之外,在引入阿米巴经营模式的过程中,一定不能操之过急,要一步一个脚印,慢慢来,而且最好寻求专业咨询机构的帮助,在专业机构的帮助下,企业才能更顺利地推行阿米巴经营模式。

8.4　业绩分析：阿米巴经营业绩分析的 5 个主要方向

我们经常提到的业绩分析,简单来说就是分析计划值与实际值之间的差异。在进行业绩分析的过程中,我们主要分析的项目有 5 个,分别是：经营利益差异分析、损益项目差异分析、边界利润率差异分析、生产力差异分析和平衡点差异分析,如表 8-1 所示。

表 8-1　阿米巴经营业绩分析的 5 个主要方向

分析的项目	分析的目的	分析的内容
1. 经营利益差异分析	我们之所以要进行经营利益差异分析,是为了找出计划利益与实际利益的差异,并找出产生差异的主要原因,确定清晰的金额以及比重。	分析销售额、边界利润率、固定费这 3 项因素的实际值与计划值的差异,以及产生差异的原因。
2. 损益项目差异分析	我们之所以要进行损益项目差异分析,是为了找出计划损益与实际损益的差异,并找出产生差异的主要原因,并确定金额大小。	分析销售额、经营利益、边界利润、经营利润率和边界利润率这 5 项因素的实际值与计划值的差异,以及产生差异的原因。
3. 边界利益率差异分析	边界利润率能够充分反映出企业市场竞争力的大小,我们之所以要对其进行分析,是为了找出边际利润率变化的主要原因。	分析变动费用类别、商品结构、商品成本构成要素的差异,找出异常变动费项目出现的根本原因。
4. 生产力差异分析	企业的收益主要由企业的生产力提供支撑,我们之所以要进行生产力差异分析,是为了找出计划生产力与实际生产力的差异,并找出产生差异的原因,最终从根本上找出利润率与经营利率变化的原因。	分析每人每月劳动生产力、劳动生产力、面积生产力、设备生产力、资金生产力这 5 项因素的差异,并找出产生差异的原因。
5. 平衡点差异分析	我们之所以要进行平衡点差异分析,是为了找出计划盈亏平衡点与实际盈亏平衡点的差异,弄清楚企业的销售额边界、利润率与企业的收益结构以及固定费的关系。	分析盈亏平衡安全度、盈亏平衡点、盈亏平衡点结构这 3 项因素的差异并找出产生差异的原因。

8.5 业绩改善:业绩改善的 3 种方法与 2 点关键指标

现在的市场竞争非常激烈,企业处于这样的环境中,要想改善经营情况,获取更多的利润,就必须同时做好"开源"和"节流"两项工作。如何做好这两项工作呢? 方式有很多,比如提升产品或服务的质量,以获取更多的利润;开发新的服务或产品,以吸引更多的客户、开拓更大的市场等,这些都能在一定程度上增加企业的经营利润。而经营成本就像毛巾里的水,企业在经营的过程中,必然会存在浪费的情况,浪费越多,"水"就越多,反之则越少,所以我们必须通过各种各样的方式减少浪费,挤干"毛巾"里的"水"。那通过什么方式才可以将"毛巾"里的"水"挤得一滴不剩呢? 接下来我们谈一谈业绩改善的 3 种方法。

1. 全面提案改善

这种方法需要用到"TCD 循环改善"这一工具。所谓"TCD",即"Total Cost Down"(全面成本降低)的缩写。TCD 循环改善即通过日/周/月经营会计报表对阿米巴组织内部潜在和显在的浪费进行排查分析,拟定具有针对性的改善提案并实施,使成本降低,从而实现阿米巴组织经营利润提升的循环改善过程。简单地讲,TCD 循环改善,即在经营中及时发现浪费并消除浪费的一系列循环活动(表 8-2)。

表 8-2 阿米巴经营中《TCD 改善提案表》示例

TCD 改善提案表					
部门	岗位	相关场所	设备设施	提案人	提案时间
改善课题:		类别:		期间:	
现象描述: 定性: 定量:		改善计划:		资源请求: 预期结果:	

2. 专案改善

关于这个方法,我以曾辅导的一家公司作为案例进行讲解。A 公司是一家以从事工装、家装系统门窗为主导,以宝马、瓷泳和木纹为特色的铝型材生产企业,曾经处于亏损状态,后来与我们公司合作,我们派遣辅导老师进行现场调研、组织划分、全厂动员,并实行生产中心独立核算,使阿米巴下沉到车间,进行三大 PK:

- 成品率 PK:挤压车间
- 订单完成率 PK:喷涂车间
- 变动费 PK:包装车间

终于,在当年 7 月,A 公司的产品合格率提升,实现止损。随后,A 公司阿米巴经营总结表彰大会于 8 月 9 日如期召开,会议通报了 7 月份阿米巴经营情况,并提出了下一阶段阿米巴经营目标:

8 月份产品合格率提升到正常水平,全面加速生产交期,实现促成止损目标;实现公司销量、盈利“双升”,实现公司和员工收入“双增”目标。

10 月 7 日,A 公司召开了第三次改善表彰大会。会议上的统计显示,6—8 月废水处理累计减少自来水用量达 $1613m^3$。进入 9 月份,工艺环保部及废水处理中心进一步加大改善力度,在不新增设备及资金投入的情况下,节水效果比前 3 个月更为显著。至 9 月末,月度治污用水量较计划用水量减少了 $795m^3$,TCD 改善方案节水效果达 65.49%,公司单方治污用水量降至 $0.028m^3$,创造了单方治污用水量历史最低的佳绩(表 8-3)。

表 8-3 A 公司 4—9 月废水处理数据表

月份	单方治污用量	计划用量	实际用量	节约用量
4	0.08	——	1272	——
5	0.08	——	1278	——
6	0.057	1263	895	368
7	0.05	1246	772	474
8	0.041	1601	830	771
9	0.028	1214	419	795
6—8 月节水百分比	38.45%	9 月 TCD 方案节水百分比		65.49%

3. 经营报表改善

业绩改善的第 3 种方法是经营报表改善,即根据《经营会计报表》中的销售额和费用等数据,了解每个部门的经营情况,公司经营上的问题也会一目了然(表8-4)。

表8-4 《经营会计报表》与经营改善

		销售额	1000	
变动费		原材料费	750	75%
		业务招待费	100	10%
		边界利润	150	15%
固定费		人工费	50	
		房租、设备折旧费	50	
		……	……	
		费用合计	100	
		经营利润	50	5%
		投入人员数	150	
		人·月劳动生产力	1万/人	

		销售额	1000	
变动费		原材料费	550	55%
		促销费	100	10%
		业务招待费	10	1.0%
		变动利息(库存、原材料、应收账款)	1	0.1%
		边界利润	339	33.9%
固定费		人工费	100	
		房租、设备折旧费	50	
		固定利息	1	
		培训咨询费	30	
		费用合计	181	
		经营利润	158	15.8%
		投入人员数	100	
		人·月劳动生产力	3.39万/人	

另外,阿米巴循环改善要达成2点关键指标:

第一,在循环改善中看清哪里赚、哪里亏;

第二,洞察费用的黑洞,优化部门责、权、利,同时让经营哲学在工作中落地,打破部门墙,让沟通无界限。

以上 2 点指标要对照计划来看,所以阿米巴经营在改善时期还要再次强调计划,同时会显现出量化的魔力。综上所述,通过经营管理部和业绩分析会让企业的发展处于机制的保障下,实现良好的结合。

8.6 PDCA 循环:螺旋式循环改善速率决定企业经营水平

PDCA 还有一个名字叫作"戴明环",从本质上讲,它是一个模型,能够帮助企业进行全面管理。那么,它是如何实现的呢? 其实很简单,通过 4 个环节的不断循环,最终实现企业的全面管理。"P"是指 Plan,也就是计划;"D"是指 Do,也就是实施;"C"是指 Check,也就是检查;"A"是指 Action,也就是处理。企业不断地进行 PDCA 循环,就能不断地找出存在的问题,分析问题出现的原因,然后解决问题,最终使企业的业绩得到不断提升。

就目前的情况来看,绝大多数企业每月、每季、每年都会召开业绩分析会,分析企业存在的问题及问题产生的原因,然后有针对性地制定计划、执行计划,并在执行的过程中对计划进行调整、评价,最终分析执行的结果,并根据结果制定下一次的计划,这就形成了一个 PDCA 循环。

1. P——计划

在 P 阶段,我们需要做的是针对企业的实际情况,分析企业的现状,发掘出存在的问题,然后共同探讨问题存在的原因,制定解决问题的计划。在这个过程中,"5W2H"是非常重要的。(注:"5W",是指 Why,也就是制定该计划的原因是什么;What,也就是该计划是什么样子的;Where,也就是计划要在什么地方执行;Who,也就是该计划由什么人负责执行;When,也就是该计划要在什么时间内完成。"2H",是指 How,也就是通过什么方式解决问题、通过什么方式实现计划;How much,也就是投入多少资金去解决问题。)

2. D——执行

在 D 阶段,我们需要做的是根据计划中的具体内容执行计划。有了计划而不执行,等于没有计划。但在执行的过程中,我们必须清楚地知道计划的执行者是谁。绝大多数计划都是由员工负责执行的,员工对计划的态度会直接影响计划的效果,所以在执行计划的时候,员工一定要保持严谨的态度,严格按照计划中的内容执行,绝不能浑水摸鱼。

除此之外,计划执行结束后,应该在第一时间对计划进行深入的分析。所以在执行计划的过程中,全体员工都必须做好文字记录、文字收集、数据存档等方面的工作,执行结束后,统一交给相关人员进行评价和审核。因此,员工在执行计划的时候,一定要做到一丝不苟,争取做好每一个细节。

3. C——检查

在C阶段,我们需要做的是对计划的执行结果进行全面深入分析,比如执行的效果如何,有没有实现预定的目标等,并将检查的结果运用到经营会计中,与预期的目标进行比较,分析差距。最后,还要分析执行过程中存在的问题。

4. A——处理

在A阶段,我们需要做的是对存在的问题进行改善。在改善的过程中,要严格坚持"销售最大化,费用最小化"的原则,对于在检查阶段发现的问题进行改善。将执行计划过程中有效的措施标准化,为未来的工作提供参考;对执行计划过程中无效的、效果差的措施进行分析,防止今后再发生类似的情况。如果仍有问题未能得到有效的解决,应将其记录下来,在下一次的PDCA循环中解决。

企业每次PDCA循环后,自身存在的大部分问题都能得到解决,企业的经营状况得到了改善,未能彻底解决的问题会放到下一次PDCA循环中继续进行解决。这样不断地进行PDCA循环,企业就能不断地解决问题,最终成为一家优秀的企业。需要强调的是,在PDCA循环的过程中,员工是十分关键的,没有员工的支持,PDCA循环就难以取得成功。

一家企业要想持续经营下去,发展为优秀的企业,将经营水平提升到极致,最好的方式就是采用PDCA循环系统。PDCA的良性循环需要全体员工的支持,员工必须对此保持良好的态度,积极工作,积极改善,推动企业发展的同时,自身的能力也得到增强。

企业的经营水平会直接影响PDCA循环的速度,水平越高,循环就越快;水平越低,循环就越慢。除此之外,员工执行力的高低也会影响PDCA循环的速度,执行力越高,循环就越快;执行力越低,循环就越慢。

8.7　【案例】企业推行阿米巴经营过程的 6 个注意事项

在日本企业中，阿米巴经营模式的效果是非常不错的，但在中国企业中，阿米巴经营模式的效果却大打折扣。为什么会出现这样的情况呢？是因为阿米巴经营模式是日本人发明创造的，所以更适合日本企业吗？还是因为日本企业与中国企业的特点不一样，管理性质也不一样？或是因为阿米巴经营模式根本不适合中国企业？接下来和大家探讨一下这几个问题。

中国企业推行阿米巴经营模式后，效果不尽如人意，是因为一些细节根本没做好，以下 6 个方面是我们需要注意的地方，如图 8-4 所示：

图 8-4　企业推行阿米巴经营过程的 6 个注意事项

第一，在阿米巴经营模式下，会计核算体系只是一部分，并不是全部。

部分企业家觉得，阿米巴经营模式只不过是一套非常科学的会计核算体系，只要在企业中建立起这样一套会计核算体系，就可以顺利推行阿米巴经营模式，让企业取得巨大的发展。这样的观点是错误的，事实上，在阿米巴经营模式下，会计核算体系只是一部分，并不是全部，该体系最大的作用，是准确计算出所有阿米巴为企业带来的利润，衡量阿米巴对企业的贡献。阿米巴经营会计核算体系与阿米巴经营哲学是相辅相成的关系，只应用体系，不注重思想方面的转变，就不能顺利推行阿米巴经营模式。

第二，分配方式不合理。

有大量企业在推行阿米巴经营模式的过程中，都会对员工进行分配，而分配方式的不合理也是阿米巴经营模式无法在企业内顺利推行的原因之一。还有一点特别重要,阿米巴经营讲究的是思想上的转变,如果靠物质奖励激发员工的工作积极性,就算不上是真正的阿米巴经营模式。日本企业在推行阿米巴经营的过程中,完全没有与物质关联。而中国企业由于文化的差异,经常会给员工一些物质奖励,这也无可厚非,但使用的方式一定要正确。先来看看稻盛和夫是如何进行分配的:在京瓷,专家和科学家为企业做出重大贡献后,得到的奖励大多是精神方面的,体现企业对他们的认可。稻盛和夫每年都会为京瓷的优秀科研人员颁发"稻盛和夫奖",这个奖项对于员工来说非常有吸引力,员工将其视作一种荣耀。因此,员工需要的是企业对自己努力工作的认可,而不是物质方面的奖励。在对企业进行管理的过程中,要想充分调动员工的工作积极性,就应该给予员工非物质方面的奖励,而不是只给予物质方面的奖励。

第三,挖掘企业中存在的问题,并解决问题。

在阿米巴的经营过程中,所有的阿米巴组织、所有的员工都必须时时刻刻提升自己,哪怕是一点细微的提升,日积月累也是巨大的进步。因此,在经营的过程中,一定不要死盯着核算的结果,而要从结果中发掘企业存在的问题,并不断地解决问题。每天解决一个问题,企业就会越来越完美。

第四,培养员工的主人翁意识。

阿米巴经营模式讲究量化分权,员工得到权力后,就可以放手施展自己的本领。在这个过程中,企业可以发现更多的人才,同时对人才进行培养。之所以要划分阿米巴组织,是为了更好地激发员工的工作积极性,培养员工的主人翁意识,让员工觉得是在为自己努力,把工作看成是自己的事业,这样才能让员工付出不亚于任何人的努力。

第五,重视阿米巴组织之间的团结协作。

在阿米巴经营模式下,企业被划分为无数个大大小小的阿米巴组织,每一个阿米巴组织都是一个单独的利润中心,自主经营,独立核算。在这种情况下,阿米巴组织很有可能只为自己而努力,独自奋战。但这样是不对的,我们必须让各个阿米巴组织团结起来,相互合作,共同完成目标。为了做到这一点,企业应该定期组织员工大会,让员工在会上讨论应该通过什么方式对工作效率进行改善、提升。一个人的力量是微弱的,一群人的力量是强大的,所有的阿米巴组织凝聚在一起,才能形成一股强大的力量，更好地推动企业发展。

第六，培养员工的自主经营能力。

阿米巴经营模式强调"每一位员工都是企业的主人"，因此，在推行阿米巴经营模式的过程中，必须充分调动员工的积极性和创造性。要培养员工的自主经营能力，让员工形成自主经营的意识，充分发挥自身的本领，而不是领导说什么自己就做什么。需要注意的是，我们所说的自主管理并不是指员工想干什么就干什么，而是指基于企业的整体发展战略、整体经营目标而做出的经营行为。因此，我们除了需要培养员工的自主经营能力和自主经营意识，还需要让每一位员工都清楚地知道自己要朝着什么目标努力，通过各种方式调动员工的积极性，让员工主动去完成这一目标。

第9章 激励体系：
让真心付出者得到应有的回报

　　近年来，阿米巴经营模式十分火热，许多企业都想引进这一模式。但是，究竟应该通过什么方式才能确保其在企业内顺利落地，是令众多企业管理者头疼的一个问题。若想成功导入阿米巴模式，就必须关心激励体系，阿米巴经营模式强调精神激励为主，物质激励为辅。

9.1 二元制 HR:阿米巴人力资源管理的特殊之处

从本质上讲,阿米巴经营模式就是将整个企业划分为无数个阿米巴组织,我们称之为"划小核算单元"。

在阿米巴经营模式下,整个组织的运行模式都发生了非常巨大的改变,管理方式也由传统的"推动式"转变为"拉动式",使整个企业的反应能力得到了巨大的增强,对于市场需求能够快速响应,对于市场变化能够快速适应。除此之外,阿米巴经营模式还能充分调动员工的创造性,引领市场创新,对资源进行更高效的利用,对人员进行更合理的配置,提高工作的效率。

但因为"划小核算单元"使企业的组织架构发生了巨大的变化,导致企业的人力资源管理工作面临着巨大的挑战,所以企业必须改变先前的人力资源管理模式,设计一套全新的、能够适应阿米巴经营模式要求的人力资源管理体系,这套体系的特殊之处主要包含以下 4 个方面(图 9-1):

图 9-1　阿米巴人力资源管理的特殊之处

1.组织变革

(1)改变传统的组织运作模式。在传统的组织运作模式下,资源的配置通常是根据部门划分的;而在阿米巴经营模式下,资源的配置应该以利润单元为核心,根据不同的产品线、阿米巴组织的需求合理配置资源,确保能够最大限度地发挥出资源的作用,从而使企业的效益达到最大化。

(2)对传统的组织管控方式进行优化。在阿米巴经营模式下,企业被划分为无数个阿米巴组织,要想确保这些阿米巴组织能够正常开展经营,就必须给予他们相应的权力,同时必须让他们肩负相应的责任,让各个阿米巴组织成为组织运行的主体。

企业的职能部门需要转型为服务机构，简单来说就是所谓的职能部门业务化。通过责、权、利下放，各个阿米巴组织可以拥有更强大的自主权，可以自行决定如何经营。

（3）重新构建组织架构形态。在"划小核算单元"的影响下，企业被划分为无数个阿米巴组织。各个阿米巴组织之间是合作的关系，而不是上下级的关系，所以企业的组织架构会逐渐趋于扁平化。

2. 团队管理

（1）提高基层单位人员的数量。"划小核算单元"使得企业出现了大量的阿米巴组织，每个阿米巴组织都需要一个领导者。因此，人力资源管理部门需要制定一些倾斜性政策，比如提高薪资待遇等方式，吸引优秀的人才竞争阿米巴领导者的岗位，提高基层单位人员的数量。

（2）提高选拔标准。在阿米巴经营模式下，每一个阿米巴组织都是独立经营的个体，因此，在选拔阿米巴组织成员时，必须提高选拔的标准，对员工的管理意识、经营意识、创新意识、成本意识提出要求，这样才能提高阿米巴组织的整体素质。

（3）增强人员管理的能力。为了更好地适应阿米巴经营模式的需求，人力资源管理部门必须找到一个更有效的管理方式对阿米巴组织中的成员进行激励，使其能够积极主动地进行工作，主动帮助企业提升销售收入，降低成本支出，使企业的整体利润得到提升。

3. 绩效考核体系

（1）重视绩效结果。在阿米巴经营模式下，考核机制也必须做出相应的调整，应该以利润收益和经营业绩作为核心指标，重视绩效目标的实现和突破，促使阿米巴组织积极主动地提升销售收入，减少成本支出，从而取得更高的利润收益和经营业绩。

（2）推动长期绩效的增加。每个阿米巴组织都是独立经营的个体，拥有很大的自主权，组织的生存和发展都是由自己决定的。因此，人力资源管理部门必须找到一个合适的方式推动阿米巴组织长期绩效的增加，保证阿米巴组织能够维持较高的发展速度，确保其不会为了短期利益而损害企业利益。

（3）重视绩效持续改善。如果无法在规定时间内实现阶段绩效目标，那么一定要主动反思,找出不足之处,分析其中的原因并找出合适的解决办法,贯彻 PD-CA 循环,持续改进,持续完善,使绩效得到提升。

4.薪酬激励体系

(1)员工薪酬明显增加。阿米巴组织为了使薪酬水平得到提升,往往会拼命地提高自己的经营业绩。业绩提高了,薪酬水平自然就上去了。所以,人力资源管理部门应该给阿米巴组织定下一个较高的目标,并辅以较高的薪酬,激励员工努力工作。但在这个过程中,一定要确保薪酬增幅大于目标增幅,否则可能会适得其反。

(2)薪酬成本持续减少。阿米巴组织成员得到的超额薪酬主要来源于超出业绩目标的利润分享,因此,薪酬成本并没有提升。我们还可以利用持续提高业绩目标和超额标准的方式,持续提升员工得到的超额薪酬,使薪酬成本持续降低。

(3)因为每一个阿米巴组织都实行独立核算制,员工的薪酬主要取决于阿米巴组织的收益。因此,我们根本不可能制定一个统一的薪酬架构,不同类别的人员、不同级别的人员薪酬架构必然会发生极大的变化,这会导致企业的薪酬体系变得越来越复杂,越来越多元。

9.2　考核评价:阿米巴绩效考核评价与传统 KPI 的差异

我们先来看一个案例:

有这样一家企业,在长达数年的时间里,销售业绩不升也不降,始终维持在 5千万左右的水平,该企业是一家非常典型的家族企业,领导高管都是企业老板的亲戚。随着时代的变迁,市场越来越大,为了更好地适应时代的需求,企业的规模也随之扩大了几倍。但在这个过程中,企业的老板没有意识到管理体系的重要性。企业的规模虽然扩大了,但并没有一套有效的管理体系对员工进行管理,导致出现了大量"越级指挥""多头领导"的情况。企业的老板又要担任董事长的职务,又要担任总经理的职务,两头忙。老板的妻子负责管理企业的财务,老板妻子的妹妹负责管理企业的采购,妹夫负责管理企业的销售及市场。总之,企业内的各个关键领导职务都是老板的亲属担任的,这就导致企业内部人浮于事的情况十分严重,反应速度慢,面临市场变化时十分被动,更为严重的是,企业内拉帮结派现象严重,企业经常内耗,员工的价值观十分混乱,有大量的工作除非老板亲自督促,否则根本无法完成。

对于这样的情况,老板深知如果再不改变,企业迟早要倒闭。因此,他开始思考应该通过什么方式实现企业变革。在这之后,企业对流程进行了极大的优化,并且采取了关键绩效指标——KPI考核,希望通过这样的方式解决企业存在的问题,使企业的经营绩效得以提升。但天不遂人愿,变革后,企业的生产经营成本非但没有减少,反而不断上升,员工又恢复了老样子。

究竟是什么原因导致该企业采取的绩效考核没能达到预期效果呢? 其实原因很简单,这也是绝大多数企业都会犯的错误。很多企业都知道KPI考核方法能够改善企业的经营情况,但并不知道采取这一方法需要一定的管理基础和前提条件。

我国有很多企业之所以能够取得快速的发展,并且保持这样的发展速度,KPI考核的作用是非常关键的。但是到了2010年之后,很多企业都陷入了瓶颈期,究其原因,是由于时代在不断变化,KPI考核的作用十分有限,无法满足当代企业的发展需求。所以我国的企业要想继续保持高速发展,就必须对自己的经营方式进行一次彻底的革新,这样才能更好地满足时代的需求。

接下来,我就向大家介绍一下KPI考核是什么,阿米巴考核又是什么,两者之间有什么样的差别(表9-1)。

表9-1 阿米巴绩效考核评价与传统KPI的差异

传统KPI考核	阿米巴绩效考核
人性本恶	人性本善
以事为重,现时结果,利己个体	以心为本,人事两面性,长短兼顾,利他利整体
事件、能力、绩效KPI	理念、能力、绩效KPI
强调人的能力,淡化理念	人的理念和能力并重
直接以工资奖惩为主,劳资交易	改进绩效,建立信赖
体现现在的绩效	对将来绩效改进的预期
强调定量的得分结果	强调定性的经营能力
人力资源推动	经营管理部和人力资源部,乃至全员
被动	主动合作
注重结果	绩效过程辅导,兼顾结果
众多复杂表格	围绕《阿米巴经营会计表》

KPI 考核

KPI 考核与传统的考核方式有着非常明显的区别。这种考核方式进入到我国的时间大概是在 2001 年左右,引入后受到了众多企业的喜爱。但需要注意的是,KPI 考核的指标一定不能过多,通常来说最好控制在 3 个以内。这是因为,如果企业选择了 KPI 考核制度,员工为了自己的利益,必然只重视考核指标的工作,不列入考核指标的工作根本不会有人愿意去做,更重要的是,多数员工根本不在乎企业的利益,认为企业的长远发展跟自己没有任何关系,时间一长,就会造成大量的负面影响。而如果指标的数量过多,就会导致每个指标的分值非常低,进而导致员工产生懈怠心理,根本不把考核放在眼里。

我们一定要记住,进行绩效考核并不是为了为难员工,而是为了达成双赢。通过考核,员工可以知道自己的不足之处,进而不断完善自身,并且能够得到一定的奖励,而企业可以得到更多的利润。但绝大多数企业没有意识到这一点,在 KPI 考核的导向下,大量员工为了达到指标不惜一切代价,每天都在做相同的工作,管理水平和经营水平一直没有提升。久而久之,绩效考核就失去了价值。

阿米巴考核

阿米巴考核在阿米巴经营模式进入中国并兴起后才日益为人们所知。它与 KPI 考核有着巨大的差异。稻盛和夫表示,推崇绩效主义确实可以在一定程度上调动员工的工作积极性,在短时间内是一种非常不错的考核方式。但工作业绩的提高是有限度的,不可能无限提升,因此,当无论怎么努力,工作业绩都无法提升时,员工就会自暴自弃,甚至对企业产生不满情绪,这样企业就无法顺利经营。所以企业的老板一定要敏锐洞察员工的心理,要知道员工在想什么并及时进行调整。企业采取阿米巴经营模式后,员工就会参与到企业的经营管理中,形成一定的经营意识,并把自己当成企业的主人,这样员工才会积极关心企业的发展,为企业的发展而努力工作。当员工具备了经营意识,并把企业当成是自己的"家"时,必然会绞尽脑汁思考通过什么方式才能提升销售额并减少成本,以使"家"得以发展。阿米巴考核既强调各个阿米巴组织相间的竞争,也强调各个阿米巴组织之间的合作,利用内部交易的方式来增强团队凝聚力。

有人认为阿米巴年度经营计划是促进阿米巴经营的牵引力,那么绩效考核系统就是最大的推动力。在阿米巴组织中,当企业整体的利益与领导的利益、员工的利益密切关联时,三者就会形成一个利益共同体,合力推动企业快速发展。

了解了 KPI 考核与阿米巴考核之间的差异后,我们必须承认一件事情:在先前很长一段时间中,KPI 考核确实在很大程度上推动了企业的发展。但随着时代的变迁,KPI 考核已经无法满足时代的需求了。因此,我国有大量企业都开始转变自己的考核模式,改为阿米巴考核。虽然两者之间差异巨大,但企业要想取得发展就必须不断优化,积极拥抱新时代。因此,无论转变考核模式的困难有多大,我们都必须要迎难而上。从两者之间的差异,我们能够发现阿米巴考核最大的优势是可以充分激发员工的经营意识,让员工成为企业的"主人",主动站在经营者的角度思考通过什么方式才能让企业取得更大的发展。所以在调动员工的积极性,为企业培养优秀人才方面,阿米巴考核模式明显更胜一筹。阿米巴经营模式究竟能够陪伴企业发展多久,没有人知道,但就现在的情况来看,对于中国企业来说,阿米巴经营模式是一个非常不错的经营方式。如果企业一直停滞不前,想谋求更大的发展,可以大胆尝试阿米巴经营模式。

9.3　多元激励:阿米巴经营提倡对员工 6 类激励并举

首先,我们要知道激励的本质是什么。"激励"这个词其实可以分为两个部分:一是"激",指"激发";二是"励",指"鼓励"。

"激发"是指通过合理的方式激发员工的潜能,促使员工完成先前从未完成过的工作或是先前不敢去做的工作;"鼓励"是指员工取得一定的成就后,要及时对其表示认可。"激发"和"鼓励"同时进行,才能发挥出理想的效果。

如果只"激发",不"鼓励",就会导致员工在初期会积极主动地尝试各种各样的工作,产生更多的想法,但时间一长,积极性就会消耗殆尽,重新变回之前的样子。

而如果只"鼓励",不"激发",就会导致员工认为领导非常看重自己,自己取得任何成果都会得到领导认可。他们会主动为领导工作,领导让他们做什么,他们就做什么,虽然工作非常单调,没有任何挑战性,但他们为了得到领导的认可,仍然会坚持去做。这种类型的员工或许非常忠诚,但不具备创新性,没有尝试新想法的动力,也没有提升自身能力的欲望。

因此,我们要想对员工进行激励,就必须"激发"和"鼓励"同时进行,并且要做到物质奖励与精神奖励相结合,做到奖惩分明。这样才能充分激起员工的工作积极性,营造出一种"人人争先"的工作氛围。阿米巴经营的激励方式主要有 6 种,如图 9-2 所示。

图 9-2　阿米巴经营的激励方式

1. 目标激励

有了目标才有努力的方向,要想实现组织的目标,单凭一个人的力量是做不到的,需要组织内的全体成员共同努力,甚至其他组织的协助才有可能实现。因此,目标同时具备激励、导向和引发的作用。阿米巴的领导者最好将组织的总目标按照一定标准划分为无数个小目标,通过这样的方式激发员工的工作积极性。除此之外,阿米巴组织还应采取目标责任制,谁负责完成某个目标,谁就需要承担相应的责任。在这样的环境下,全体员工都有努力的方向,同时也有一定的压力,有压力才会有动力,在强大的压力之下,员工才会积极主动地完成目标,以确保组织的总体目标得以实现。

2. 示范激励

阿米巴组织的最高领导者亲自示范,以身作则,通过自己的精神和行为对员工起到正面的激励作用。

3. 尊重激励

阿米巴领导者必须尊重每一位员工的人格和价值取向,从而实现"知恩必报"的效果。

4. 参与激励

阿米巴经营模式强调"每一位员工都是企业的主人",因此,阿米巴组织必须设计一套完善的管理制度,让每一位员工都能参与到经营管理的过程中,每一位员工都要针对经营情况提出优化建议,以培养员工的经营意识。

5. 荣誉激励

阿米巴经营模式特别强调荣誉激励,这其实也是精神激励的一种。荣誉激励的主要方式是针对员工对企业的贡献或员工的工作态度给予一定的荣誉奖励,比如在员工大会上表彰优秀员工、颁发荣誉证书、给予更多的外出培训机会、在企业内部论坛或媒体中宣传等。

6. 关心激励

"敬天爱人"是阿米巴经营哲学中一个非常重要的思想。要想做到"敬天爱人",阿米巴的领导者就必须足够关心员工的工作和生活,比如记下每一位员工的生日,亲自为其庆生;对有困难的员工施以援手;赠送员工小礼物;等等。

最后,我要强调一点:要想让激励取得良好的效果,就一定要关注反馈,反馈同样能够起到激励作用。因此,阿米巴组织一定要打造出一套完善的沟通机制,使企业的领导者与阿米巴的领导者、阿米巴的领导者与阿米巴的员工能够畅通无阻地沟通,这样做有两个好处:一是企业的领导层通过与阿米巴领导者沟通,能够更准确地了解阿米巴的经营情况;二是阿米巴领导者通过与员工沟通,能够让员工有一种被重视、被信任的感觉,知道领导层愿意倾听他们的意见,从而积极主动地提出意见,使阿米巴领导者与员工之间形成一种相互理解、相互尊重、相互配合的工作氛围。

9.4　体系建设:阿米巴经营绩效激励体系设计要点

对于"成果主义",稻盛和夫非常厌恶,他不止一次在公开场合表示要反对"成果主义"。周云杰(海尔集团副总裁)问过稻盛和夫这样一个问题:通过什么方式才能对阿米巴进行有效考核? 稻盛和夫回答:"欧美国家都实行绩效主义,按绩效分配工资和奖金。比如保险行业推销保险业务,业绩高,报酬也高,就是所谓计件制。这种做法确实很有刺激性,努力的人会更努力,业绩越好收入越高。但有的人也很努力,业绩却不佳,他们工资低,就会心怀不满。这种'绩效主义'在整体效益上升时也许有作用,但一旦销售额下降,不管怎样努力业绩也无法提升时,此前拿高工资的人收入也会大幅下降,这时如果连他们也成为不满分子,整个公司的气氛就会变坏。因此我不采取这种方针。在阿米巴里,用每个人每小时创造的'附加价值'来表达绩效,某个阿米巴'单位时间'创造的效益高,对企业的贡献大,那么全公司的人都会向他们表示赞赏,都会尊敬他们、感谢他们,但只限于名誉上的褒奖,而不用金钱来刺激。考虑到整个企业的情况,效益好时我会给全体人员增加收入,让大家都高兴。"

我国大量企业看了稻盛和夫的这一段话后,觉得阿米巴经营根本不重视物质奖励,而在中国,物质奖励是一种非常重要的激励方式,所以阿米巴经营根本不适合中国企业。

这种观点是否正确呢?阿米巴经营激励机制的本质是什么?阿米巴经营模式究竟是否适合中国企业?中国企业需要通过什么方式去理解、借鉴阿米巴经营模式呢?

有人曾经说过一句话:"阿米巴经营的理念是追求员工物质和精神双丰收,物质在前,精神在后,可以看出稻盛和夫首先注重给予员工物质满足,其次才是精神满足。中国企业在学习阿米巴经营时需要深刻理解这一点,不要误解稻盛和夫先生的本意。"这是对阿米巴经营激励机制的理解,非常有道理。接下来我们就从 3 个方面探讨阿米巴经营绩效激励体系设计要点(图 9-3)。

图 9-3　阿米巴经营绩效激励体系设计要点

首先,需要明确的是,在阿米巴经营模式下,各阿米巴组织的收入与成员的奖金没有直接关联。对于这一点,稻盛和夫认为,如果两者之间有直接关联,就会导致"成果主义"盛行，各个阿米巴为了提升自己的收入，会拼命争夺资源，只在乎自己的利益，不在乎整体的利益，导致各个阿米巴之间无法很好地合作，影响企业整体的利益。阿米巴经营模式强调企业的整体利益，如果企业整体利益非常差，那么阿米巴组织的效果再好，又有何用？所以，中国企业在构建阿米巴经营激励体系的过程中，一定要强调企业的整体利益，千万不能出现整个企业都在亏损，但部分阿米巴组织却拿着利润奖的情况。

其次，虽然各阿米巴组织的收入与成员的奖金没有直接关联，但又是密切联系的。稻盛和夫表示，"人们对于差距很大的报酬和待遇会产生很大的抵触心理"，但就算是这样，企业也千万不要"一视同仁"，如果每一位员工的收入都相同，努力工作的员工就会产生不平衡的心理：凭什么自己如此努力地工作，收入却和"浑水摸鱼"的员工一样多？所以，我们一定不要为了所谓的"公平"而一视同仁，对于努力工作，为企业不断创造收益的员工，一定要重视其能力，要在嘉奖、加薪、晋升等待遇中体现企业对其的重视。

最后，稻盛和夫并非不重视物质奖励，相反，他深刻地意识到物质奖励是非常重要的，在给予员工物质奖励方面，稻盛和夫十分慷慨。有一次，为了激励员工，他定下了一个目标：如果月销售额达到 10 亿日元，所有员工都可以去旅游，企业承担全部费用；如果没有实现这个目标，那么所有员工都去寺庙修行。结果，所有员工都开开心心地旅游去了。还有一次，是在 20 世纪石油危机的时候，为了让企业渡过难关，稻盛和夫使出了各种手段，说服全体员工暂停加薪，并暂停所有的物质奖励，没过多久，石油危机结束，企业渡过了难关，稻盛和夫当年就补发了之前的所有奖励。又过了一年，企业高速发展，稻盛和夫再次给予员工额外的奖金，当成是之前欠下的"利息"。

从这些例子我们能够发现，虽然稻盛和夫被人们称为"经营之圣"，但他同样需要通过物质的方式激励员工。并且，他还提出了"经营者一定要尽最大的努力确保员工能够在物质、精神两个方面都感受到幸福"的观点。

无论是在什么企业中，激励机制都是十分关键的，同时也是员工最重视的一个机制，激励机制的好坏甚至能够直接决定企业的成功与否。中国企业要想引进阿米巴经营模式，那么在设计激励机制的过程中，一定要结合我国的实际情况，要让设计的机制高度符合企业的经营状况，一定不要盲目地抄袭，而是要透过现象看本质。

9.5　年终奖金:无门槛奖金池与有门槛奖金池设计

对于企业来说,奖金或许是调动员工工作积极性的最简单和最有效的方式。奖金属于激励性报酬,是对常规薪酬制度的补充,发奖金的目的在于充分调动员工的工作积极性,留住优秀的人才并吸引更多优秀人才加入企业,确保企业的人力资源队伍不断壮大,确保企业能够长远发展。

无门槛奖金池(图 9-4)

年底双薪制　　红包　　旅游奖励　　补贴

图 9-4　常见的无门槛奖金池

在所有形式的年终奖中,年底双薪制或许是最常见的一种形式。国内的大部分企业,特别是外资企业,非常喜欢以年底双薪制的形式颁发奖金。简单来说,所谓年底双薪制,就是以员工每月的工资为基础,在年底的时候多发一个月或数个月的工资。绝大多数外资企业使用的都是"13 薪"或"14 薪"的形式。只要年底的时候,员工仍然坚守在工作岗位上,不管其绩效如何、表现怎么样,都能得到多一个月或两个月的工资,这样的奖励机制属于普惠制。假如企业的企业文化更偏于正向,那么这样的普惠制奖励机制是非常有效的;但如果企业内每一位员工的工作状态相差无几,那么这样的普惠制奖励机制就无法发挥出应有的效用。双薪其实是福利的一种,是对员工一年辛勤工作的感谢。双薪制的发放方式普遍为"12+1"或"12+2"。

除此之外,红包是一种非常普遍的奖金形式。这样的奖金形式通常没有固定的规则,老板想发多少就发多少。这样的奖金形式常见于家族型企业中,但其有着很大的缺点——员工能够得到的红包金额取决于老板对员工的印象,而不是员工对企业的贡献,所以红包的金额大小通常是不公开的。我不建议大家使用这样的奖金形式,因为如果有员工拼命工作了一整年,但得到的红包却没有其他人多,那么或许会严重打击其工作积极性。

除了上述两种常见形式,年终奖的形式还包括赠送保险、旅游奖励、专业培训、免息贷款、购房补贴、购车补贴等。简单来说,给不给员工发年终奖,年终奖的金额是多少,完全取决于企业老板,通过什么方式发也没有统一的规定,完全凭老板的喜好。但不管企业通过什么方式发放年终奖,都必须遵守一条原则——既要考虑到员工的心理期望值,也要考虑到企业自身的利益。做到了这两点,才能确保年终奖的发放过程公平公正,才能充分调动员工的工作积极性,让企业顺利开展下一年的经营。

有门槛奖金池设计

首先,根据企业当年的经营情况确定当年的年终奖金池。绝大多数企业都是以公司的年末净利润为基础确定年终奖金池金额的。普遍的做法为:根据一定的比例,从年末公司净利润中抽取一定的金额作为总奖金池。在这里,我向大家介绍一个公式:

年末公司净利润×年终奖金提取比例=年终奖金池

在确定提取比例的时候,我们可以适当创新,例如将提取比例与部分指标相联系:净利润率越高,提取比例就越高;营业额越高,提取比例就越高等等。最终究竟与什么指标相联系,取决于企业的实际情况,以及老板对指标的重视程度。如果老板更重视盈利,那么就与净利润率相联系;如果老板更重视价值创造的能力,那么就与资产利润率相联系。

其次,根据部门当年的经营情况确定部门当年的年终奖金池,具体公式为:

部门年终奖金池=公司年终奖金池×部门年终奖基数

×部门绩效系数/∑(部门年终奖基数)

×部门绩效系数

在这条公式中,部门年终奖基数=∑(员工月度标准工资×职级系数)

部门绩效系数取决于部门当年的年终绩效考核结果。一般来说,部门绩效的考核结果分为5个不同的级别,分别是:优秀、良好、一般、较差、差。我们可以根据这5个不同的结果,将系数确定为:1.5、1.2、1、0.5、0。

职级系数取决于员工的管理层级,比如总监为5,经理为3,主管为2,员工为1。

最后,根据个人表现确定员工个人的年终奖金额度,具体公式为:

$$个人年终奖＝部门年终奖金池×个人月标准工资$$
$$×个人绩效系数/\sum（个人月标准工资×个人绩效系数）$$

公式中的个人绩效系数取决于个人的年终奖绩效考核结果。同样分为 5 个不同的级别：优秀、良好、一般、较差、差。通常每个级别对应的系数为：1.5、1.2、1、0.5、0。

这样的年终奖金方案主要有 3 个优点：

第一，奖金总额可控。年终奖金总奖金池的金额取决于企业当年的年度效益；员工及部门的年终奖来源于总奖金池，奖金总额可控。

第二，与企业重视的指标相关联。在确定年终奖提取比例的时候，可以将其与企业重视的指标相关联，企业能够根据实际需要确定指标。

第三，年终奖发放金额与企业业绩、部门业绩以及个人业绩密切挂钩。这样的做法能够充分调动员工的工作积极性，使员工努力工作，以提高企业、部门及个人的绩效，从而拿到更多的奖金。

9.6 实用工具：阿米巴经营的四维激励工具

如何打造企业的能量场？如何更高效地开展激励和绩效工作？阿米巴结合中国的市场特点可以展开 4 个维度的激励，如图 9-5 所示。

图 9-5 阿米巴经营的四维激励工具

1. 金钱报酬

金钱报酬主要以金钱为主，涵盖了薪资、分红、奖金、福利等与物质相关的方面。收入的多寡直接影响着每一个家庭、每一位员工，企业必须在物质上努力共创共享。

当然，如果一个组织仅以物质作为唯一的手段，那么将会面临两个问题，一是资源有限，二是往往会让物质激励永无止境，并且有可能把整个组织导向极其功利的金钱主义、金钱至上的氛围中，所以只有物质激励完全不够，必须同时实施成长激励。

2. 成长机会

成长机会是指组织中的每个人都有机会晋升轮岗、被提拔、被重用，走向更好的事业平台。

有人说金钱的激励是发财，成长的激励是升官，这句话虽然表达得不够精准，但基本指向准确。

非常多的企业在提拔人才方面做了大量的工作，这些企业拥有源源不断的后备人才与后备力量，成长相当迅猛，让企业的人才梯队延续不断。

3. 肯定与赞赏

除了金钱报酬和成长机会两个维度，还有第三个维度——文化的维度，它包含了上级对下属的肯定与赞赏，同事之间平行的肯定与赞赏，来自社会的肯定与赞赏。

松下幸之助不仅在经营企业方面大有作为，在做人方面更具修为。他曾经到一家餐厅吃牛排，由于胃口不好没有将牛排全部吃完，他特意叫来大厨解释说："你做的牛排非常好吃，吃不完是因为我胃口不好，所以我要当面向你解释，怕你误会，也怕别人误会你做的牛排不好吃。"这看起来是一件很小的事，但完全可以体现出松下的修为。

能够看到别人的优点，给予别人肯定与赞赏，这往往是领导力的体现，更能体现出领导者的修为，因此同事之间、上下级之间都需要更多的肯定与赞赏。

4. 内在动机

所有老板都希望自己的公司、自己的平台、自己的人生得到社会的肯定与赞赏。请各位老板牢记，除了金钱报酬、成长机会、肯定与赞赏，必须反思另一个问题——以上 3 个维度都需要外在的激励，那么你的外在激励是否有效？

稻盛和夫在拯救日航时，到底是什么在激励着他？作为企业的创始人，又是什么在激励着你？作为某一领域的高手，在成长的过程中，是什么在激励着你？实际上，真正的激励不是仅靠外部激励，还要有内在的激励，就像有一株火种燃烧在自己的心中，稻盛和夫的"火种"是一种强烈的责任感和使命感，正是这样的情愫使他在功成名就之后再次出手拯救日本航空。

一些优秀的企业家也是在财务自由的情况下依然努力拼搏，这是因为他们有更高的目标、期许和责任感。可见真正激励我们的是内在动因，它表现出有趣、有挑战性、有成长性、有创造性的特点，让很多人忘我工作，沉浸其中，仿佛有心流在心中激荡，真正体会到过程中的幸福感。稻盛和夫对于追求更强调的是过程，他认为享受过程比享受结果更重要，他也认为工作本身就是激励。

当大多数企业家一直在追求幸福时，稻盛和夫一直在幸福追求。享受过程，比享受结果更幸福。

真正地理解了激励的核心要义后，我总结出激励的 4 个维度。物质维度往往指向薪酬和绩效，成长维度指向事业规划，肯定与赞赏维度指向哲学和文化，而内心的使命感、责任感和成长则指向组织和个人的使命、价值。

阿米巴经营非常重视业绩评价，在激励之前必须进行评价。传统的评价方式是指评价贡献度，比较员工创造的价值总量。但阿米巴体系不只是看贡献度，还要看进步性和公平性。进步性是看增量，自己与自己比；公平性是看效能，比较投入与产出。

2019 年汪洋老师为优铭家落地阿米巴经营模式

9.7 【案例】A 电商的"激励组合拳"

2017 年 5 月,A 电商的阿米巴项目正式启动,我们到访 A 电商进行调研,这也是我们与 A 电商成员们第一次见面。巴长团队第一次参加我们老师主讲的"阿米巴辅导课程巴长训练营",迈出了成长的第一步。咨询团队积极热情地参与企业组织架构讨论,通过思维的深度碰撞,产生出不同方案。

企业经营不仅是经营层的工作,企业的全体员工都需参与其中,从一开始便要建立经营者思想。在训练过程中,哪怕只是一个简单的小游戏,往往都有着重大的意义。在团队里,我们要相互信任、相互帮助,也要具备真正的勇气,迎接挑战,付出不亚于任何人的努力。

另外,我们的老师还带领 A 电商成员们接触了"六项精进",这也是 A 电商早会内容的来源。

绩效管理的本质目标在于经营人心,实现员工成长,达成企业目标。在我们老师的带领下,员工们梳理了 A 电商及其团队的挖掘历程,这对团队建设非常有意义。团队从公司使命出发,对部门的使命、责任、价值体现进行了重新思考,意义重大。

制定关键绩效指标,是为了发展真正驱动公司实现战略目标的具体因素。建立切实可行的 KPI 指标体系,是做好绩效管理的关键。

透过经营数据的表象,发现企业经营的本质。业绩分析无比重要,要结合经营报表让每一个人了解经营成果。所谓经营,本质在于如何扩大销售额,缩小经费支出,为了实现销售额最大化和经费最小化而不断努力。

我们激发大家的创意,并带领团队持之以恒地坚持下去。每一次辅导都可以看到大家的思考维度一次又一次被打开。我们的目标是一致的。当所有人的力量向着同一个方向凝聚在一起的时候,就会产生成倍的力量,创造出惊人的成果。

2017 年 8 月,A 电商第一次举办阿米巴经营业绩发表会,从导入阿米巴到第一次举办业绩发表会,只经历了短短 3 个月的时间,大家一起见证了 A 电商的成长,见证了每一位巴长的成长。每一个人都相信自己一定会得到提升,只要努力就会有收获。同时,对于做出业绩贡献的各部门,公司颁发 2 万元作为奖励。

在会上,还发布了经营部月度业绩经营成果。经过 A 电商的"激励组合拳",2017 年 8 月与 7 月相比,销售额上升 50%,增长近 173 万元;经营利润提升 5.12%,增长近 59 万元;变动费用下降 2.73%,固定费用下降 2.4%。

我们根据每一家企业的经营情况进行有针对性的辅导,并构建《经营会计报表》,将理论与实际高度结合,指导各个企业改善方向,解决企业的问题。

第10章 企业文化：
绝非务虚的阿米巴经营哲学

哲学是企业基业常青的基石，京瓷从不亏损的秘诀不在于雄厚的资金和实力，也不在于强大的研发能力、高精尖的机械设备，甚至不在于聪明超群的人才，而在于正确又明确的经营哲学，并且这门哲学为员工所共有。

10.1 经营哲学：稻盛和夫缘何如此强调经营哲学

众所周知,稻盛和夫在推行阿米巴经营模式的过程中,之所以能够取得如此巨大的成功,离不开经营哲学。为什么稻盛和夫要如此重视经营哲学呢? 我们先来看看他的经历:稻盛和夫大学毕业后,就职于松风工业,他决定努力工作,在这家企业内大展拳脚。但令他意想不到的是,这家企业并没有他想象的那么好。松风工业当时常年亏损,甚至连员工的工资都不能按时足额发放。在这样的环境下,员工根本无心工作,这加剧了企业的危机,企业与员工之间经常发生各种各样的纠纷,甚至发生剧烈的冲突。员工因为无法按时拿到薪水,时常罢工,而企业因为员工的罢工,无法正常运转,更加支付不起薪水。

当时,稻盛和夫在松风工业的工作主要是研发新型陶瓷材料,但企业根本无法提供研究必需的设备,给稻盛和夫的工资也非常低。因此,稻盛和夫萌生了跳槽的念头。但由于各种原因,他最终还是选择了留在松风工业。一个刚刚毕业的大学生,进入社会的第一份工作,就面临如此艰难的环境,心里必然非常苦恼。但稻盛和夫想的却是,无论多么苦恼,现状都不可能自动改变,不如努力工作去改变。从此,稻盛和夫的心态发生了巨大的变化,从整天抱怨,变成竭尽全力工作,无时无刻不在思考通过什么方式才能把工作做好,通过什么方式才能让自己以最好的心态投入到工作中。从这个时候开始,稻盛和夫全心全意投入到工作中,长期如此,积累了大量的经验。

稻盛和夫就这样坚持了几年,直至 27 岁时,他选择离开松风工业自己创业。当时他并没有太多资金,好在朋友愿意帮助他,于是他创立了京瓷公司。但京瓷成立后,稻盛和夫又面临新的难题——资金不足,设备不够,技术不完善,而且由于稻盛和夫是初次创立公司,不具备经营管理的经验,他根本不知道应该怎样经营一家企业,不知道应该如何开展工作,经常是想起来什么就做什么,毫无规划。他渴望摆脱这样的困境,尝试了各种各样的方法,竭尽全力让企业的经营保持正常。他无时无刻不在探索经营方法,思考经营理念。久而久之,他探索出了一套完善的经营理念,包括具体的方法模式和思维方式,总结起来就是我们现在经常提到的"经营哲学"。

此后,稻盛和夫在日常工作中不断完善这套经营哲学,除此之外,他还积极主动地将经营哲学传授给员工,让所有员工都了解经营哲学,并在实际工作中运用经营哲学。

时间又过去了几年,稻盛和夫发现,自从员工开始在实际工作中运用经营哲学,企业的经营情况越来越好,他意识到:要想经营好一家企业,经营哲学是非常关键的。他渐渐地明白了一个道理:企业是一个整体,单凭一个人的力量根本无法使这个整体有效地运转起来,为了更好地发展,企业内的每一个员工在工作时一定要相互配合,所有员工的思维方式必须是一致的,都需要理解并认可这一思维方式,这样才能做好工作,才能使企业的整体目标得以实现。从此以后,稻盛和夫开始尝试运用各种不同的方式将自己的经营哲学介绍给其他人,他要求企业的领导者必须掌握经营哲学,要求全体员工理解企业的经营哲学,形成一致的思维方式。稻盛和夫之所以提出这样的要求,原因主要有 3 个(图 10-1)。

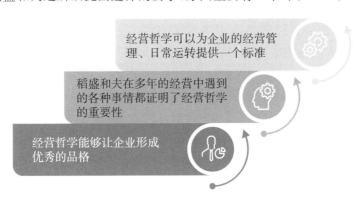

经营哲学可以为企业的经营管理、日常运转提供一个标准

稻盛和夫在多年的经营中遇到的各种事情都证明了经营哲学的重要性

经营哲学能够让企业形成优秀的品格

图 10-1　稻盛和夫强调经营哲学的原因

首先,稻盛和夫认为,在经营企业的过程中,经营哲学是必不可少的,它可以为企业的经营管理、日常运转提供一个标准。

在稻盛和夫眼中,经营哲学,其实就相当于企业的规章制度。俗话说,没有规矩不成方圆,要想经营好一家企业,就必须要有明确的规矩,且每一个员工都必须按照规矩行事,这样才能更好地工作。

放眼整个世界,有大量的企业因为没有形成经营哲学,忽视了规矩的重要性,最终导致企业走向失败。先来看看几家日本企业:雪印乳业曾经是一家规模巨大的企业,但因为缺少经营哲学,没有规矩约束员工的工作,导致出现了食品造假事件,企业最终走向失败;钟纺公司同样是因为不重视经营哲学,忽视了规矩的重要性,导致出现了做假账的事件,最终,企业信用破产,被市场淘汰。

再来看看美国企业:美国世界通信公司、安然公司都曾经是各自领域内的巨头,但两者都因为财务作假而被市场淘汰。

上述的几家企业都是因为缺少自己的经营哲学,没有规矩约束员工的行为,导致爆出丑闻,最终走向失败。如果企业的经营者能够意识到经营哲学的重要性,形成具有企业特色的经营哲学,并要求全体员工严格按照企业的经营哲学行事,那么就不会出现这样的情况。因此,稻盛和夫表示,这些经营者本身就没有意识到规矩的重要性,不重视经营哲学,让他们担任大企业的最高领导人,必然会导致企业陷入混乱,甚至走向失败。

因为有大量企业失败的案例在先,稻盛和夫从成立京瓷的那一天开始,就十分重视经营哲学,在长达半生的经营生涯中,他一直都在探索适合京瓷的经营哲学,并不断对其进行完善,最终形成一套完整的体系。他努力地将这一体系传达给每一位员工,让每一位员工都认可他的经营哲学,严格按照经营哲学的要求行事,使得京瓷能够一直健康成长。

其次,稻盛和夫在多年的经营中遇到的各种事情都证明了经营哲学的重要性。

稻盛和夫年轻时生活非常艰难,他决心要摆脱这样的生活,在后续不断努力的过程中,他强烈地意识到,制定一个高目标十分重要。于是他在刚刚成立京瓷的时候,就给京瓷制定了一个极高的目标:成为世界第一。就当时的情况来看,要想实现这一目标无异于痴人说梦。但就现在的情况来看,京瓷的成功,证明了稻盛和夫的哲学是正确的,证明了稻盛和夫一直强调的方法论和思维方式是对的。

稻盛和夫认为,经营哲学还能体现出一家企业的目标,简单来说就是企业最终要成为什么样的企业。除此之外,经营哲学还能体现出为了实现这个目标需要做出什么样的努力,需要何种思维方式。所以,在企业经营的过程中,经营哲学是必不可少的。

京瓷成立之初,只不过是一家不起眼的企业,资金不足,设备不足,甚至没有自己的工厂,经营状况极差,很有可能会破产倒闭。但就算京瓷的处境非常困难,稻盛和夫仍然定下了一个非常高的目标——成为世界第一。

当时所有人都觉得他疯了,一家随时可能破产的企业还妄想成为世界第一?简直太可笑了。但稻盛和夫完全不管外界如何看他,日复一日地向全体员工灌输这一目标,让所有员工都对未来有一个美好的期盼,同时这对他来说也是一种激励的手段。为了能够成为世界第一的企业,稻盛和夫每天都和员工强调,要想实现这样一个目标,应该使用什么样的思维方式和工作方法,让全体员工形成一致的思维方式。在稻盛和夫的经营哲学理念中，我们经常能够看到"付出不亚于任何人的努力""将自己逼入绝境""极度认真地生活"之类的句子，这些句子充分体现出稻盛和夫对待生活、对待工作的态度。

在京瓷，无论是领导者还是普通员工，都在努力地学习稻盛和夫的经营哲学，并在实际工作中不断地思考如何按照经营哲学的要求行事。京瓷的全体成员都在为了一个目标而努力：形成一致的思维方式，形成统一的工作方法。

就现在的情况来看，如果稻盛和夫当时没有制定这样一个看似不可能完成的目标，京瓷公司或许就不会取得现在这样伟大的成就。

最后，稻盛和夫认为，经营哲学能够让企业形成优秀的品格。

2020 年 12 月，阿米巴落地咨询班杭州站现场

京瓷经过数十年的发展，规模不断扩大，在全世界范围内拥有大量的销售据点和生产据点，业务早已遍布全球。为了能够更好地开展业务，京瓷不得不招聘大量外国人，但这个时候就出现了一个问题：每个国家的历史文化是完全不同的，生活习惯和工作习惯也是完全不同的，通过什么方式才能管理好来自世界各地的员工呢？除此之外，还有一个问题困扰着当时的稻盛和夫：不同的国家、不同的地区有着不同的特点，怎样才能顺利地在各个地区开展业务呢？这两个问题困扰了

稻盛和夫很久,但他在不断探索、不断实践之后,终于找到了解决问题的关键:海外分部的员工对公司本部是否足够信任、足够尊敬,直接决定了跨国经营能否取得成功。

如果一个人根本不信任、不尊敬公司总部,那么让这个人在其他国家管理当地的业务,他可能把事情做好吗?更重要的是,如果海外分部的领导者都不信任、不尊敬公司本部的领导者,那么分部的员工会忠诚于企业吗?答案是:肯定不会。

因此,能否让不同国家、不同文化、不同民族的员工信任、尊敬企业,直接决定了企业在海外市场能否取得成功。但究竟通过什么方式才能实现这一点呢?稻盛和夫认为,企业必须拥有优秀的品格。优秀的品格可以直接冲破历史文化、语言、人种的障碍,可以将全球不同地区的人凝聚在一起。如果无法实现这一点,就无法实现海外经营的成功。我国长达数千年的历史证明了一个道理:"以力治人"的朝代都不长久,只有"以德治人"的朝代才能取得巨大成功。

每个人都有独特的人格,每家企业同样有着独特的品格,品格是否优秀决定了企业能否取得成功,而经营哲学能够让企业形成优秀的品格,所以经营哲学对于企业来说是非常重要的。稻盛和夫提出的经营哲学,就是在不断探索中总结出来的正确道理,这个道理适用于全世界,这就是京瓷能够在海外经营中取得巨大成功的原因之一。

在这里,我要强调一点:仅凭打造企业独特的经营哲学并不足以让企业取得成功,这仅仅是一个起点罢了,要想取得成功,就必须让企业的全体员工理解并认可企业的经营哲学,并在实际工作中践行企业的经营哲学。

10.2 核心内容:愿景、使命、价值观

员工只有处于某个特定的价值体系中,才能对企业有一个全新的认识,才能使自身不断成长,最终共同打造一家优秀的企业。接下来,我就向大家介绍一下企业文化中的核心内容:使命、愿景与价值观,以及企业文化能够为企业带来什么样的好处。

使命

企业使命的好处,如图 10-2 所示:

图 10-2　企业使命的好处

1. 可以让员工认识到工作的价值

稻盛和夫认为，让员工认识到工作的价值和目的是一件非常重要的事情。员工只有知道了自己工作的目的，才能充分调动工作积极性；员工只有知道了自己工作的价值，才会感慨"原来我的工作能够为社会创造如此巨大的价值"。宏伟的使命能够唤醒员工内心深处的激情，让员工为了企业的发展不遗余力。详细地说，还可以分为以下两个方面：

（1）可以吸引大量具有相同理想、相同兴趣的人才

绝大多数行业顶尖的优秀人才加入一家企业并不是因为钱，而是因为他们认可这家企业的使命。如果企业的使命是为社会创造更大的价值，甚至是推动社会的进步，他们就会为此而加入并付出巨大的努力。

（2）能够在一定程度上帮助企业留住人才

宏伟的使命通常可以为企业留住大量的人才。如果一家企业处于巅峰时期，业绩不断提高，股价也不断提高，那么必然能够吸引到很多人才的加入。但是，如果该企业陷入了困境，业绩不断降低，股价也不断下滑，那么很多人都会有离开这家企业的念头。站在企业的角度来看，通过什么方式才能留住人才呢？其实很简单：企业文化。员工对企业文化的认可程度越高，留下来的几率也就越高。

马斯洛提出的需求层次理论将人的需求分为 5 个不同的层次，分别是：生理需求、安全需求、情感与归属需求、尊重需求以及自我实现需求，这些层次是从低到高的。正因如此，大部分人都觉得这些需求是从低到高依次递进的，也就是先满足生理需求，再满足安全需求，然后满足更高层次的需求，但我认为这样的观点是不对的。人只有在高层次的需求得不到满足的时候，才会考虑满足更低层次的

需求。从这个角度来看,大部分企业出现的老板与员工相互不信任、劳资对立、闹薪酬等问题,其实矛盾并不在于工资,而是因为员工的高层次需求没有得到满足,所以他们才会考虑低层次的需求,也就是工资需求。

所以,宏伟的使命除了能够留住人才,还能引起员工内心深处的情感共鸣,使员工为了企业而付出不亚于任何人的努力。京瓷能够有今天这样的成就,是因为将"追求全体员工物质与精神两方面幸福的同时,为人类和社会的进步与发展做出贡献"当成自己的使命;阿里巴巴能够有今天这样的规模,是因为将"让天下没有难做的生意"当成自己的使命。由此可见,使命对于一家企业而言是多么的重要。

2. 能够确保企业走在正确的方向上

一家企业如果有宏伟的使命,那么它的前进方向永远都不会偏离,会始终走在正确的方向上。比如谷歌,它的使命就是对全世界范围内的信息进行整合,让人们可以通过简单的方式使用这些信息,并且确保这些信息是有用的。因此,谷歌从成立到现在所付出的一切努力都是为了让信息整合变得更加高效,让信息的使用变得更加简单。它不会因为今天音乐很火、很赚钱就跑去做音乐,明天游戏很火、很赚钱就跑去做游戏,因为它清楚地知道自己的使命是什么。

马云曾说:"生意难做之时,正是我们完成'让天下没有难做的生意'的使命之时。"为了完成这一使命,阿里巴巴推出了全球买、全球卖、全球运、全球付、全球玩等各种"全球"功能,打破了做生意的空间限制。

3. 能够赢得利益相关者的信任、认可甚至帮助

一家企业如果有宏伟的使命,就很容易赢得社会各界的信任、认可甚至帮助,比如政府部门、客户、消费者等,他们认为你的产品非常不错,能够为社会创造巨大的价值,所以他们愿意帮助你完成这一使命。我们仍然以阿里巴巴为例,阿里巴巴在发展的过程中,得到了大量政府部门和消费者的支持,因为"让天下没有难做的生意"这一使命对社会具有巨大的价值,对消费者本身也有很大的好处。

愿景

简单来说,愿景就是企业提出一个非常宏伟的目标,然后让员工意识到企业目前的情况与目标之间的差距,激发员工的工作积极性,使员工为填补这一差距而付出更大的努力。稻盛和夫提出的"京瓷哲学"中有一条是"描绘梦想",他表示,现实是非常残酷的,每天都会有各种意外发生,我们能不能安然无恙地度过今天都是未知数;但是,无论处于什么样的境地,无论面临什么样的困难,都要直面未来,描绘梦想,能不能做到这一点直接决定了人的一生。无论是对于工作还是对于人生而言,最关键的就是内心要有"希望自己可以成为这样的人"的想法,要有远大的志向,并付诸努力去实现。稻盛和夫从成立京瓷的那一天开始,就清楚地描绘了自己的"梦想":"先要在西京做第一,然后要在京都做第一,接下来做日本第一、世界第一的企业。"为了实现这一目标,他付出了不亚于任何人的努力,日复一日,年复一年,最终使京瓷取得了巨大的发展。如果能够准确地描绘梦想,并且用尽一生去实现这一梦想,将其当成人生的价值,那么人生就会变得完全不一样。

华为在最开始的时候,只不过是一家毫不起眼的小公司,甚至连生存都是问题,但即便如此,任正非也给自己描绘了一个伟大的梦想——成为中国第一的通讯设备公司。周围的人都感觉他是痴人说梦,因为当时华为的所有竞争对手都是世界级的大企业。但任正非完全不管旁人的嘲讽,不停地告诉员工:我们要成为中国第一。员工们清楚地知道,要想完成这一目标,还有很长的一段路要走,但他们并没有灰心,也没有放弃,而是加倍努力,不断地朝着目标快速奔跑! 最终,在数十年后的今天,华为成为了世界顶尖的通信设备企业。一个好的愿景,能够极大地激起员工的热情。

价值观

何为价值观? 简单来说,价值观就是一种思维方式。如果企业具备准确、清晰的价值观,并且将这一价值观转变为企业的准则,规范员工的行为,那么就能极大地提高工作效率,确保员工之间能够高效地交流、决策,并做出高度一致的行为。

比如京瓷的"利他"价值观,对外,为企业的经营者创造更高的收益,让员工在物质上和精神上都感到幸福;对内,为员工提供帮助,使员工更快速地成长,团队之间更高效地协作。

10.3 实质落地:经营哲学实质贯彻到经营过程中的 3 大系统

要想推进阿米巴经营模式,就必须将阿米巴经营哲学贯彻到企业的经营过程中,使阿米巴经营哲学体系能够在企业中落地。而阿米巴经营哲学体系主要包括3 个方面,分别是组织系统、实施系统和评估改进系统。

组织系统

所谓组织系统,简单来说就是建立一个完善的组织体系,确保阿米巴经营哲学能够在企业中顺利落地。组织系统中的人员并不要求是专职的,可以由员工兼职担任。

阿米巴经营模式的核心是让员工自主对企业进行经营管理,而要想做到这一点,关键在于落实经营哲学,因此企业的高层领导必须将落实经营哲学作为主要的工作目标。要想让阿米巴经营哲学在企业中顺利落地,除了高层领导需要重视之外,还需要对各个领导层的责任意识进行强化,短时间内让阿米巴经营哲学发挥出重要作用,长时间内贯彻执行阿米巴经营哲学。

贯彻落实阿米巴经营哲学是"一把手工程",企业的最高领导者一定要亲自上阵,统筹指挥。企业的经营哲学部(部分企业称之为"人力资源部"或"企业文化部")需要在企业最高领导者的指示下,负责做好具体的组织、指导和协调工作。除此之外,企业还应该成立一个专门负责贯彻落实阿米巴经营哲学的委员会,企业的最高领导者担任委员会主任,负责管理经营哲学部的领导者担任委员会副主任,其他高层领导担任委员会成员,并选出 1~2 名职工代表担任委员会成员。

该委员会的主要功能,是对企业贯彻落实阿米巴经营哲学的工作进行领导,主要任务是提炼阿米巴经营哲学理念和落实、推进相关工作要求。经营哲学部的主要功能,是对企业贯彻落实阿米巴经营哲学的工作进行组织,主要任务是组织阿米巴经营哲学传播活动并落实到各个单位。各单位负责人的主要功能,是对企业贯彻落实阿米巴经营哲学的工作进行实施,主要任务是在本单位内落实经营哲学部组织的传播活动。

实施系统

实施系统主要可以分为 3 个阶段(图 10-3):

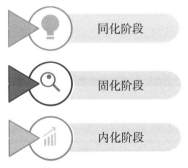

图 10-3　实施系统的 3 个阶段

1. 同化阶段

在这一阶段,企业需要让全体员工深入、清晰地了解什么是阿米巴经营哲学,其理念是什么,其要求的行为模式是什么。这一阶段的主要工作,是利用入职引导、活动传播等方式让员工初步了解阿米巴经营哲学,主要包括 3 个方面:入职认知、日常认知和强化认知。

(1)入职认知

入职认知主要针对刚刚加入企业的新员工,包括两个方面:

首先是价值观选择。企业在招聘的过程中应该充分体现出企业的核心价值观,向应聘者充分介绍企业的经营哲学,让应聘者自行判断该价值观是否与自己的价值观相符,自己是否可以达到企业提出的相关要求。

除此之外,企业在招聘的时候还需要对应聘者的价值观进行评价,评价的主要方式是经营哲学的适应性测评。简单来说,适应性测评就是企业以自身的经营哲学为基础,判断应聘者的价值态度与企业的匹配程度的一种方式。如果应聘者的价值态度可以适应企业最基础的经营哲学要求,那么该应聘者就能通过测评;如果应聘者的价值态度、性格与企业所推行的经营哲学严重不符,那么该应聘者就无法通过测评,也无法被录用。测评工作主要由企业的人力资源部负责完成。

其次是入职引导。当应聘者成功通过了测评,被企业录用后,企业就应该对新入职的员工进行入职引导。入职引导最主要的作用就是让刚刚加入企业的员工可以在短时间内了解企业的经营哲学,我们可以将其视为对新入职员工的文化塑造。入职引导的方式通常有两种,一种是企业组织的集训营,对象主要是刚刚走出校园的应届毕业生;另一种是各个部门专门指定一位引导人,负责对新加入部门的员工进行入职引导。

这名引导人不仅需要帮助新员工掌握岗位必需的能力与技能,还需要向新员工传达企业的经营哲学。每一位新加入企业的员工都必须学习企业的经营哲学,并且需要参加严格的考试,通过考试后才能正式入职。如果无法通过考试,有一次补考的机会;如果补考仍然无法通过,就会被取消入职资格。

(2)日常认知

日常认知针对的是企业的全体员工。简单来说,日常认知就是在日常工作中让员工能够对企业的经营哲学有一个更全面、更深入的认知,包括两个方面:

第一是媒体宣传。所谓媒体宣传,简单来说就是企业充分借助媒体,将企业的经营哲学传达给每一位员工,使员工对企业的经营哲学有一个全面深入的理解,并促使员工全力支持企业的经营哲学。媒体宣传的主要作用除了正向引导,还包括负向约束。企业可以充分借助媒体宣传的力量,打造企业的"英雄人物",并以这个人物为榜样,让全体员工向其学习。

举个例子,企业在最近一段时间中一直在努力地变革,那么在这种情况下,企业宣传的重点应该是变革。而该企业变革的核心是职业化行为,所以在进行媒体宣传的时候,应该以职业化行为为基础,树立典型人物。需要注意的是,我们除了要树立正面人物,还要树立一个反面人物。最后,在宣传的过程中还应该以企业现有的规章制度为宣传主线,比如《领导干部行为变革指南》《员工行为规范》《经营哲学白皮书》等,充分展示专业化的具体内容。

第二是环境物化。简单来说,环境物化就是在员工的办公场所等主要环境中建立一个经营哲学视觉系统,利用该系统对员工进行经营哲学理念的传播。另外,企业在进行环境物化的过程中,一定要遵守两个原则(图 10-4):

图 10-4　企业在进行环境物化的过程中要遵守两个原则

环境物化主要可以通过以下 3 种方式进行:

·墙面标语:在办公场所等最显眼的地方贴上大量的标语,对企业的经营哲学理念进行宣传。

·纪念标识:大力宣传对企业有重要纪念意义的事件或活动。

·行为提醒:在员工经常去的地方,比如厕所、食堂等处贴上一些幽默风趣的提示标语。

(3)强化认知

简单来说,强化认知就是对员工的认知进行强化,加深员工对企业经营哲学的理解。包括两个方面:

第一是工作仪式,即充分利用各种各样的工作,对员工的认知进行强化。比如,在会议上不断强调企业的经营哲学;组织汇报会,让员工在会上发表自己对于企业经营哲学的理解。除此之外,诸如晨会、奖赏仪式、宣誓、庆典之类的活动形式都可以对员工的认知进行强化。

第二是文体活动。一般来说,文体活动是以"经典模式"为基础的文化活动。从某种意义上讲,文体活动也是企业为了打造自身特色而组织的经营哲学活动。一个成功的文体活动可以充分发挥出员工的积极性,引起员工的关注。在文体活动的过程中,企业可以高效地将经营哲学和价值观植入员工的内心。文体活动的主要价值在于:

• 企业文化其实是一个虚拟的概念,我们必须通过实体将企业文化展现出来,而文体活动就是一个非常不错的方式。

• 在文体活动的过程中,全体员工的心会慢慢地凝聚起来,形成一股强大的力量。

• 文体活动其实是一个交流的平台,部门中的领导者与普通员工之间、不同部门的员工之间都可以在这个平台上进行非正式的交流,增进感情。

• 文体活动可以在一定程度上帮助企业将价值观植入员工的内心深处。好的文体活动可以充分展示企业的价值观精神。

• 文体活动能够在一定程度上培养企业员工的团队精神。参与活动的员工在不断排练的过程中充分感受到团队协作的重要性,并形成团队。

2021 年 3 月,阿米巴落地咨询班成都站现场

2. 固化阶段

这一阶段的主要工作目标是让每一位员工都对企业的经营哲学理念高度认可,最终建立起统一的思想行为导向。为了实现这一目标,我们主要需要利用两个机制,分别是沟通机制和奖惩机制。这一阶段主要涉及两个层面:

(1)思想层面

第一是经营哲学恳谈会。之所以要建立经营哲学恳谈会,目的是为了解决企业与员工在沟通方式上存在的问题。一般情况下,每个阿米巴的巴长在与员工沟通的时候都可能出现对抗式沟通的倾向。简单来说,在出现问题时,无论是巴长还是员工,都会不由自主地将责任推到对方身上,如果实在无法推到对方身上,就会推给流程或外界环境,就是不承认自己的责任,我们将这种情况称为"责任外部化"。

这样的观念主要有两个方面的坏处:一是在这样的思想下,巴长与员工之间,员工与员工之间无法做到真诚合作,会在一定程度上对工作效率造成影响;二是经常性地将责任推给他人、推给外部,就无法意识到自身存在的问题,会在一定程度上阻碍自身的发展。经营哲学恳谈会诞生的目的就是要改变员工的沟通方式,由"反抗式"转变为"支持式"。为了实现这一点,恳谈会主要是组织各个部门的员工对工作内容进行讨论,让员工了解不同部门之间的角色差异、业务差异、领导风格差异和考核导向差异等,最终让各个部门之间能够理解、支持对方的工作,实现真诚合作,提高工作效率。

第二是领导力论坛。之所以要建立领导力论坛,是为了对企业内的巴长进行培养,让他们更好地适应这一工作,提升自身的领导能力和领导水平。领导力论坛和现在的领导力培训与管理论坛差不多,两者的本质是一样,都是通过专题学习与讨论的方式对员工进行培养,讲师通常是企业内现任的高层干部。领导力论坛是一个非常关键的培训平台,直接影响到企业能否拥有足够优秀的经营人才。该论坛不仅能够推动经营哲学在企业内的贯彻实施,还能让企业内部的各个管理人员在不断交流中形成相同的价值观,有利于工作的开展。

具体来说,领导力论坛对企业最大的价值是:

· 企业内的各个领导、各级干部通过不断沟通,能够在思想上达成一致,形成相同的价值观,有利于公司发展。

- 该论坛的成员之间可以相互学习,所有人都能在这个过程中得到提升。
- 通过组织培训与讨论的方式,让企业内部各级领导的业务能力和领导能力得到提升,帮助企业培养出大量优秀的领导人才。

(2)行为层面

第一是"英雄人物"。榜样的作用非常强大,因此企业要挑选合适的人才,打造为企业的"英雄人物"。但需要注意的是,在挑选员工的时候,最重要的是看该员工的品质如何,也就是"德";其次才是看该员工的工作能力如何,也就是"才"。必须做到德才兼备,才能被打造为企业的"英雄人物",两者缺一不可。"英雄人物"的作用主要有:

- 成为员工的精神领袖。优秀的员工通常都具备强大的精神凝聚力,可以让员工的精神聚集在一起,充分激发出员工的工作积极性。
- 成为员工的引领者。优秀的员工通过自己的能力证明了只要足够努力就会取得成功,可以在一定程度上调动员工的工作热情,使员工更加努力地工作。
- 成为一个绩效标准。让其他员工知道做到什么程度才可以被称为优秀员工,让员工有一个清晰的努力方向。

什么样的员工才能扮演好"英雄人物"这一角色呢? 我们主要从两个维度进行判断:

- 纵向——员工的层面。比如在企业中,有效地将企业经营哲学理念传达给部门中其他员工的干部,可以被评为优秀干部;能够贯彻落实企业经营哲学理念的员工,可以被评为优秀员工。
- 横向——员工的类型。比如优秀创新员工、优秀敬业员工、优秀奉献员工等,之所以要这样做,是为了让每一位员工充分发挥自身的特长,让员工根据自己的实际情况确定自己应该往什么方向努力。

第二是管理提案奖。设立这一奖项的目的是为了激励员工充分发挥自身的本领进行管理优化及创新。员工对于管理优化及创新有任何想法都可以通过提案的方式递交给上级部门,如果提案被采用,那么员工就可以获得提案奖,并得到一定的奖励。通过这样的方式能够大大增强员工的责任感,一个优秀的提案甚至还能解决企业目前存在的问题,这样,企业的管理得到持续优化,企业存在的问题也得到了解决,可谓一举两得。

第三是其他奖惩。对于被评为优秀员工、优秀干部的员工,企业应该给予一定的奖励,除了精神奖励之外,还应该有一定的物质奖励。除此之外,如果有员工做出了违反企业经营哲学理念的行为,那么企业应该对其给予一定的惩罚。从某种意义上讲,奖惩其实是企业对员工行为的约束。员工的所有行为都能充分体现出其价值观,如果违反了企业的要求就要惩罚,如果符合企业的要求就要奖励。

第四是晋升公示。如果企业领导对一名员工有提升意向,那么一定要先进行公示。之所以要这样做,是为了进行价值观检验,也是在告诉全体员工:只有满足干部行为规范要求以及符合企业价值观的员工才可以得到晋升。需要强调的是,无论员工最终能否晋升,都必须进行公示。公示并不是为了让其他员工知道这名员工得到了晋升,而是为了充分体现出对企业文化要求的确认(图 10-5)。

图 10-5　晋升的作用过程

3. 内化阶段

这一阶段的主要任务是确保企业经营理念可以落实到每一位员工的行动上,让每一位员工的行为都符合企业的经营理念要求。为了做到这一点,我们需要利用组织纵向与横向之间相互制约的机制,主要涉及 3 个方面:

(1)领导方面

第一是领导风格调查。我们之所以要进行领导风格调查,是为了通过机制对领导行为进行约束。一般来说,领导风格调查是通过《领导风格调查问卷》完成的。将该问卷下发给部门的每一位员工,通过员工的回答了解领导的风格。需要注意的是,问卷调查的填写必须是不记名的,这样才能让员工没有顾忌,才能得到真实的回答。问卷题目的设计必须遵守 3 个原则,分别是间接询问、关键行为、易于感知。

第二是负面行为投诉。企业应该鼓励员工对领导的负面行为进行投诉,这里所说的负面行为主要指违反经营要求的行为。需要强调的是,负面行为投诉一定要有充分的证据,并且要实名投诉;如果没有证据,通常是不会接受投诉的。除此之外,投诉者还需要准备好相关的纸质材料和电子材料,并上交给相关部门。相关部门接到投诉后,必须马上成立调查小组,对被投诉的领导进行全面调查;如果投诉内容属实,就要马上进行相关处理。

(2)操作方面

第一是自动服从协作机制。一般情况下,在企业级的协作项目中,必须建立一个自动服从协作机制。简单来说就是打造一个跨部门的虚拟项目部,由该项目的主要负责部门统筹领导,对项目的任务和责权进行更为详细的分解,然后下达给参与部门;参与部门需要服从安排,协助主要负责部门,共同推动企业级项目的实施。实施的方式主要是:

· 参与企业级项目的每一个部门在工作中都一定要贯彻"自动服从"原则,对于主要负责部门提出的所有合理要求都应该主动服从。

· 企业级项目的主要负责部门应该对项目的结果负责。除此之外,主要负责部门还需要掌握对协作部门的参与权。

· 企业必须对所有体系、所有领导者进行考核,提出明确、具体的考核指标。

· 考核的结果会直接影响领导者的年度考核与晋升。

第二是团队精神奖。之所以要设立这个奖项,是为了给予具有团队精神的员工一定的奖励。实际上,团队精神是协作精神、大局意识和服务精神的集合。团队精神的关键之处在于团队内的每一位员工都能协同合作,共同推动完成团队的任务,个体利益与团队利益高度一致,这样才能提升工作效率。

(3)改进方面

这一方面主要是充分发挥出员工的智慧,让员工参与进来,为企业的发展出谋划策。核心主要是以下两个方面:

第一是员工自主讨论与提议。这样做主要有 3 方面的好处:

· 可以在一定程度上提升企业经营哲学理念在企业内部的落地速度,让经营哲学在员工之间快速传递,让每一位员工都深刻地记住企业的经营哲学,并在行动中体现经营哲学。有了这样一个机制,员工在工作中会更加重视协同创新。

· 可以在一定程度上提升员工对领导层的信任。在这一机制的作用下,员工可以将内心最真实的想法、意见和建议提出来。

· 可以推动对员工的充分授权。要想让员工更积极地工作,就必须让员工对自己的工作有责任感;要想形成责任感,最好的方式就是让员工掌握更大的决策参与权。

第二是领导者决策与执行决策。领导者无论是在做决策的时候还是在执行决策的时候,都必须做到责任落实。对于决策带来的结果,自己必须承担相应的责任,避免发生推诿扯皮的情况。

领导者在进行决策的时候,还要避免出现不必要的工作。不必要的工作无法为企业带来任何利益,反而会成为企业的负担。清除不必要的工作,能够更好地精简人员,使工作效率得到提升。

除此之外,领导者在进行决策的时候,还必须敞开心扉与员工交流,交流的次数越多,彼此的了解程度就越深,这样才能形成相互理解、相互配合的工作氛围。

改进方面重点强调"群策群力",要求全体员工参与到企业的管理中,共同为企业的发展出谋划策。除此之外,每一位员工还必须重新思考自己的工作是否有可以改进的地方,是否可以提高工作效率,为企业创造更高的收益。"群策群力"最大的优势在于:它可以让整个企业都思考应该做什么事情、应该怎么做,在这个过程中,全体员工都能了解到相关信息,对企业的目标有更深入的理解。

"群策群力"可以充分激发员工的系统思维,强调以系统化的方式看待组织的目标。企业要想实现这一目标,企业内的所有部门就必须通力协作,任何一个部门都不可能仅凭自己的力量达成目标。如果改变了某一项工作,就会导致其他工作受到一定的影响,甚至导致总绩效受到影响。在这种情况下,员工思考问题时就不会再以自我为中心,而是会考虑到企业整体和其他部门,用更开阔的眼光看待问题。

针对上述解说,我们辅以一个案例进行介绍。有一家公司被称为全球最伟大的公司之一,它就是 GE 公司。韦尔奇(GE 公司前董事长)上任后,通过各种各样的方式对公司进行优化、改革,最终使 GE 成为了全球最优秀的公司之一。现在,GE 的股票总价值已经突破了 5000 亿美元,每年盈利突破了 100 亿美元。在韦尔奇的带领下,GE 公司取得了巨大的发展,韦尔奇也因此获得了"全球最优秀董事长"的称号。

　　GE 公司之所以能够取得如此巨大的成功,是因为韦尔奇十分重视"群策群力"。虽然在最初实施"群策群力"的时候,韦尔奇面临着巨大的难题以及来自各个阶层的阻力,但韦尔奇无论任何都不肯放弃,坚持要把这件事情做下去。他经常亲自询问各个部门的领导者为实施"群策群力"付出了什么努力,甚至将这件事情列在了公司执行会的议程上。

　　GE 公司为实施"群策群力"而建立了一个"城镇会议",与会人员通常在 40 人至 120 人之间。在这个会议上,与会人员被分为了几个小组。每一个小组中,成员的地域不同,职能不同、层级也不同。韦尔奇之所以要这样做,是为了创造无边界的组织,在这个会议上,头衔没有任何意义,大家都是平等的。人们或许突然间就发掘出了一种新型的工作方式,并且领悟到这种新型的工作方式居然是那么的高效。

　　"群策群力"最大的优势在于,每一位员工都能充分发挥自己的聪明才智,提出自己的想法,并且将想法转变为业绩成果。为了使"群策群力"的成果在整个企业内部实现共享,相关人员会将自己的经验分享给其他部门的人,甚至直接上传至网络,让所有面临相同问题的人能够得到解决的办法,最终实现知识的共享。

评估和改进系统

　　时代在变,环境在变,市场在变,经营哲学如果不变,就无法跟上时代的要求。因此,我们必须持续对经营哲学进行评估和改进,做到紧跟时代潮流。为了实现这一点,企业应该定期评估经营哲学的实施情况,发掘其中存在的问题,并及时进行优化改进,持续对企业的经营哲学进行完善,使其逐渐接近完美,具体的过程主要是 PDCA 循环。

　　每年年初,经营哲学委员会需要结合上一年度企业的经营哲学活动情况,制定新一年的经营哲学活动计划,其他部门需要执行计划中的内容。到了年中,经营哲学委员会需要成立一个评估小组,对各个部门的执行情况进行检查。检查的结果主要可以分为两类:一是经营理念方面存在的问题,解决方式为,对企业的经营哲学理念进行修订;二是活动落地方面存在的问题,解决方式为,督促相关部门做好活动落地工作,并且对部门的执行过程进行监督,直至部门能够按照要求做好工作。

　　总而言之,企业要想让经营哲学在企业内部顺利落地,就必须做好经营哲学的提炼工作,这是十分关键的。从某种意义上讲,企业的经营其实就是人才的经营,有了足够优秀的人才,企业才能取得更大的发展。因此,企业必须让全体员工拥有共同的目标,朝着共同的目标努力。员工的所作所为必须要与企业的经营哲学保持高度一致。

10.4　企业文化:阿米巴企业文化的特征与构建的 5 个准则

　　稻盛和夫认为,经营企业的过程就像盖房子一样,他之所以能够取得成功,是因为他盖的房子结构合理。房顶是企业发展的目标,每完成一个目标,房顶就会往上提高一层,最终成为摩天大楼;左边的立柱是组织架构,右边的立柱是会计工具,两者共同支撑起这座摩天大楼,缺一不可;房子的中间部分是人才培养,也就是阿米巴经营模式所强调的以人为本,这让整座摩天大楼变成了"实心"的结构,极为坚固,任何大风大浪都吹不倒;而房子的地基就是企业文化,打好了地基,整座房子才能不断地往上盖,才能盖得更高。

　　稻盛和夫认为,在阿米巴经营模式中,企业文化是非常重要的,它直接决定了阿米巴经营能否取得成功。地基打好,房子才能坚固;如果地基打不好,房子就会摇摇欲坠,随时可能崩塌。只有具备坚固的地基,企业的目标才能实现。企业的目标是什么? 建设幸福企业。什么样的企业才算是幸福企业? 用稻盛和夫的话说,就是"为企业员工的幸福,为社会的进步和发展做贡献的企业"。通过什么方式才能构建好幸福企业呢? 拥有大量优秀的员工。一家企业要想打造优秀的企业文化,除了要拥有优秀的领导者,优秀的员工也是必不可少的,两者共同用自己的经营哲学和经营理念,为构建优秀企业文化添砖加瓦。稻盛和夫表示:"企业员工的主动性和积极性才是企业发展的原动力。"需要明确的是,阿米巴经营模式的企业文化主要有 3 个层面:

- 精神文化层:企业精神、核心价值观、企业道德、企业理念等。
- 制度文化层:企业的规章制度及其更深层次的文化内核。
- 物质文化层:企业的标识、企业的形象等。

　　通常来说,采取阿米巴经营模式的企业,其企业文化具有 6 个明显的特征,如图 10-6 所示:

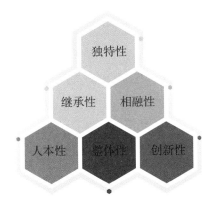

图 10-6 阿米巴企业文化的特征

1. 独特性

不同的企业拥有不同的文化背景,所以每一家阿米巴企业的企业文化都是具有独特性的,这取决于企业的历史、经营管理模式、员工素质、企业目标和内外环境等。

2. 继承性

阿米巴企业是在一定的时空条件下出现并不断发展的,从这个角度来看,每一家企业都是历史的产物,都具备继承性。主要涉及 3 个不同的方面,分别是:企业本身、民族、外部企业。

3. 相融性

阿米巴企业要想取得更好的发展,就必须融入到外部环境中,与外部环境相协调、相适应。这里所说的外部环境主要是指政治环境、经济环境、社区环境和文化环境。

4. 人本性

阿米巴的文化都是以人为本的,主要反映在几个方面:重视人的道德、理念、行为、价值观在经营企业的过程中所发挥的作用;重视人的理想、人的需求以及人的欲望;强调尊重人、理解人、关心人;强调人的全面发展,用企业的精神将人凝聚在一起,用企业的愿景给人莫大的鼓励,用企业的环境对人进行培养,用企业的机制激励人努力奋斗。

5.整体性

阿米巴企业文化并不是一个独立的个体,而是一个复杂的整体。企业的发展与人的发展是密切相关的。因此,要想成功构建幸福企业,就必须通过各种各样的方式引导员工,将员工个人的发展目标与企业的发展目标融合在一起,促进两者共同发展。

6.创新性

无论什么时候,创新都是非常重要的,只有不断创新的企业才有可能取得成功。阿米巴企业文化既需要继承前辈留下来的精华,又需要根据时代的发展而不断地创新。除此之外,企业文化还需要随着企业环境的改变而改变,在不断改变的过程中丰富企业文化的内容,使员工的素质得到持续增强,使企业的凝聚力持续增加,最终使企业得到持续发展。

在阿米巴经营模式下,构建优秀的企业文化可以从以下 5 个方面进行,如图 10-7 所示:

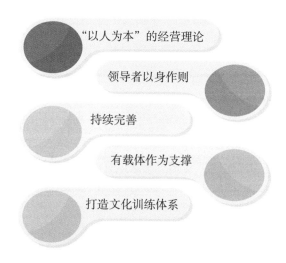

图 10-7 阿米巴企业文化的 5 个准则

1."以人为本"的经营理论

阿米巴经营模式强调以人为本,重视人的发展。因此,我们必须通过各种各样的方式,充分激发全体员工的潜能,使其得到发展,最终使企业整体得到发展。

2. 领导者以身作则

几乎所有企业都会制定其价值理念,并要求员工严格按照价值理念行事。但是,如果只对员工提出要求而不对领导提出要求,员工就根本不会遵守。领导者一定要明白:只有自己先做到,才能要求别人做到,要以身作则。正所谓上行下效,只要领导能够遵守,率先发挥领导作用,严格按照价值理念行事,那么员工就会主动遵守。

3. 持续完善

优秀的企业文化是在不断创新、不断改善的过程中得来的。因此,企业必须制定一个科学、合理、完善的改善机制,并引导全体员工参与到改善的过程中,形成浓厚的改善氛围。每一位员工都参与到企业的经营改善中,主要有两个方面的好处:一方面可以让企业的管理水平、经营状况越来越好;另一方面,在这个过程中,员工自身的能力也得到了培养。

4. 文化的形成需要有载体作为支撑

我们一定要意识到,文化是需要有载体的,如果没有载体,文化的建设就不可能取得成功。我们必须充分借助各种不同的载体,使全体员工随时随地都能感受到企业文化的存在,才能让员工在日常工作中不断受到企业文化的熏陶。文化载体的形式,可以是阿米巴经营手册,可以是员工手册,也可以是企业的文化墙等。

5. 打造文化训练体系

要想构建阿米巴企业文化,就必须重视"知行合一",知而不行等于不知。我们不仅要让员工理解企业文化,还必须让员工在实际工作中践行企业文化。为了实现这一点,我们必须打造文化训练体系,将企业的思想文化转变为员工的行为习惯。要想构建优秀的企业文化,使企业文化充分发挥作用,关键因素有 3 个:人、组织、战略。同时,这也是经营管理最基础的 3 个因素。企业要想取得发展,就一定要对人才机制进行优化,对组织进行变革,对战略进行转型,并且要将这 3 个因素与企业的顶层设计完美地结合起来,这是十分重要的。

阿米巴经营模式的核心在于阿米巴经营哲学,只引入模式而不引入哲学的阿米巴企业只不过是"徒有其表"。无论什么时候,文化都是企业发展最强大的核心动力,是否拥有优秀的企业文化,决定了企业核心竞争力的强弱,决定了企业是否可以长远发展,因此,企业的领导者必须重视企业文化。除此之外,还有一点特别重要:企业的领导者本身就是一种文化,领导者的一言一行,都会给员工带来巨大的影响。

10.5 【案例】稻盛和夫打造幸福型企业的哲学落地

中国国学大师季羡林曾对稻盛和夫做出高度评价,他夸赞稻盛和夫"既是企业家又是哲学家,一身而二任的人,简直如凤毛麟角,有之自稻盛和夫先生始"。稻盛和夫能够享有这么高的赞誉,足以见得他在哲学和思想方面有很深的洞见,在行业中有着深厚的影响力。

1.京瓷新员工联名状事件

企业家们不要认为稻盛和夫的创业路一直都一帆风顺,实际上,他的思想体系正是在磨难中一点一滴总结出来的,为后来的经营者留下了宝贵的经验。

稻盛和夫创业之初曾收到新员工的联名状,这也成为了一则著名事件:京瓷初创时期,一些新员工联名要求稻盛和夫为他们加工资,但当时京瓷的生意并不景气,稻盛和夫正面对着巨大的困境,不敢轻易向员工许诺,因为有可能无法实现。

然而面对员工的诉求,稻盛和夫深知自己必须解决,无法逃避,于是他与员工展开了一系列交谈,但结果却差强人意,无论怎么交谈,双方都不能达成一致。鏖战了几天后,稻盛和夫拿出一把刺刀,"啪"的一声放在桌上,激昂地表明了自己的态度。

他对员工说:"我是不是在欺骗大家,无论我怎么说都无法证明,但我半点都没有'身为经营者只要自己得利就好'这种想法。我想让企业成为大家由衷认同的好公司,不管这是谎言还是真话,你们权当受一次骗跟着我干,我就是拼上性命也要把公司做好!"

稻盛和夫这段话说得极为真诚,态度也非常坚决,而且他承诺"若是我经营企业不负责任或者发生只顾一己私欲的事,那时候你们杀了我也行",稻盛和夫把刺刀放在桌上表达了决心,员工们也因此被打动,继续与他共进退。

联名状事件对稻盛和夫的影响非常深远,他由此开始重新思考:经营企业到底有什么样的意义?

此前,稻盛和夫认为成立公司的动机是希望让自己的技术问世,而联名状事件后,他意识到所谓经营是经营者倾注全部的力量为员工的幸福而努力奋斗,经营者必须以心为本,重视与员工之间的伙伴关系,并使公司树立远离经营者私心的大义名分。

或许有人粗浅地认为这件事不过是稻盛和夫拿命赌命、以命换命,实际上,他的这段经历和最终的结果告诉每一位经营者:企业经营需以命"唤"命。

2. 作为人,何谓正确?

日本时尚界有一位著名的大师叫山本耀司,他曾说:"'自己'这个东西是看不见的,只有撞上一些别的东西反弹回来才会了解自己,所以与很强的东西、可怕的东西、水准很高的东西碰撞,才会更加知道自己是什么。"

换句话说,当我们不知道自己是谁的时候,就出去找更有洞见的人碰一碰,想一想自己的"偶像"是谁,想一想自己和他/她之间的差距。这些差距往往会让我们看到方向,从而对自己有更清醒的认知。

稻盛和夫一生的阅历给了他很多思考,他感慨地说:"我从小就在逆境中困惑、烦恼、思索,所以我在这个过程中终于领悟到有关人生、工作和经营的活法,将它们与干法归纳起来,就是我人生的体验报告。"

"作为人,何谓正确?"稻盛和夫以此作为原点完成了人生的体验报告,并将这份体验报告归纳成两本著作——《活法》与《干法》,这两本著作恰恰是阿米巴经营的思想体系,也是"《论语》与算盘"的映照。想透活法的人就会找到合理的干法,而找到科学干法的人就会有更好的活法,二者是《论语》与算盘的结合、道与术的结合、哲学与实学的结合。

稻盛和夫从创业之初便把每天奋力生存所学到的东西记录下来,通过对活法与干法的总结,形成了京瓷的社训和理念,也就是阿米巴经营哲学的根基,并努力使其为员工所共有。

稻盛和夫曾经明确地说:"哪里有什么经营哲学,不过是人生智慧在经营中的应用。"他认为做人、做事和做公司是相通的,它们归根结底是一个东西,能看到人性的底部,只要从心到心就能经营好自己的公司。

"很多人认为京瓷的成功源于先进的技术,并且抓住了机遇,但我认为绝非如此。京瓷之所以能够成功,是因为坚持经营判断的基准,不是作为京瓷何谓正确,更不是作为经营者何谓正确,而是作为人,何谓正确。因而它具备了普遍性,能够为全体员工所共有,我认为京瓷的成功原因就在于此,除此之外没有任何秘密。"稻盛和夫如是说道。

稻盛和夫还谈到:"人们常常以为企业经营十分错综复杂、困难重重,但如果把目光投向事物的本质,可以说经营企业其实很单纯。京瓷、KDDI 和日本航空这三家企业所处的行业并不相同,但无论哪家企业都在经营中依据'作为人,何谓正确'这一普遍正确的判断基准做出决定、采取行动,遵循这一单纯的原则极度认真地投入经营,这就是我能使企业持续发展和重建成功的关键原因所在。"

十次做事的成功都无法掩盖一次做人的失败,所以稻盛和夫劝诫各位企业家必须遵从"作为人,何谓正确"这一"稻盛哲学"最核心的部分。

3. 企业是人,哲学是魂

如果把企业比作一棵参天大树,那么向下扎根在深深的泥土中,支撑树干生长的部分就是经营哲学,它决定企业能否基业常青,能否做得久远。正是基于经营哲学对企业的重要性,稻盛和夫特意写了一本书论述"正确的哲学是企业永续经营的灵魂,企业是人,哲学是魂"。

经营哲学是企业的规范,用来表明企业的目的、目标,即要将企业办成一家什么样的企业。同时,经营哲学可以赋予企业一种优秀的品格。疫情期间,很多企业展现出非常优良的品格,全员哲学共有,风雨同舟,荣辱与共,共克时艰,让企业在疫情面前活下去。当然,也有一些企业在面对困难时没有哲学共有,做出很多伤害客户的事,它们最终必然被市场淘汰。

稻盛和夫曾经反复提到一句话,叮嘱很多企业,也叮嘱自己的公司:"京瓷哲学被淡忘的那一天就是京瓷倒闭的那一天。"按照这种句式,每一位企业经营者都应该给自己一个灵魂警示:我的企业哲学被淡忘的那一天就是我自己的企业倒闭的那一天。

第**11**章／全书总结

　　上士闻道，勤而行之；中士闻道，若存若亡；下士闻道，大笑而去之。学习任何一个知识体系或结构，都要思考到底是要勤而行之还是要将信将疑，抑或是要批判，我们到底应该用怎样的学习态度。有了正确态度的认知、学习的背景和学习的观点之后，才是探讨阿米巴经营模式的原理和概念的最佳时机。

11.1 阿米巴不是工具

阿米巴的成功引起了许多企业家的关注,大家纷纷开始尝试阿米巴经营模式。但是在实践的过程中,有大量企业将阿米巴经营当作一种管理工具,走上了错误的道路。实际上,阿米巴经营是一种经营方式,且具有独特性。要想推行阿米巴经营模式,就必须结合企业的实际情况,千万不能生搬硬套,如果只是简单地模仿甚至照搬其他企业的阿米巴经营模式,最后必然会走向失败。那么,企业应该如何运用阿米巴经营模式呢? 其实很简单,以优秀企业的阿米巴经营模式为基础,结合自己企业的实际情况进行一定的修改与创新。因为阿米巴就是一种变形虫,讲究的是一个"活"字,只要核心是阿米巴经营,那么无论怎么改,都是能够成功落地的。

另外,要想让阿米巴经营更加高效,还必须不断引入会计系统,并且不断优化调整,不断对经营策略进行分析。很多人都认为,所谓经营分析会,其实就是引入阿米巴核算体系,实际上,经营分析会的目的是进行循环改善。通过自主经营、独立核算,实现真正意义上的全员共同参与。在这样的企业中,每一位员工都是企业的主人,都必须具备经营的意识,进行独立的核算。

稻盛和夫以"作为人,何谓正确"为基础,结合中国的儒学思想,用最简单的"敬天爱人",逐步建立了京瓷的经营哲学,让京瓷取得了巨大的成功。所谓"敬天",简单来说就是按照正确的方式去完成正确的事情,所有工作都必须根据内心深处的本性去完成,这样才能取得成功;而"爱人",就是根据内心深处的本性去做人。除此之外,稻盛和夫所说的"爱人"还包括"利他","利他"是成功的关键,也是做人最基本的出发点。稻盛和夫认为,利他者自利,一家企业要想取得成功,就必须做到"利他经营",这里所说的"他"其实就是指客户。从广义上来讲,客户并不仅仅是顾客,还包括社会、员工以及利益相关者。如果企业能够为客户创造价值,那么企业也能从中获取到价值。

推行阿米巴经营模式的关键在于"销售最大化,费用最小化",无论做什么事情,都必须考虑到这一点。需要强调的是,并不是所有企业都适合阿米巴经营模式,企业必须满足一定的条件,才能引入阿米巴经营模式,才能达到相应的效果,否则就会适得其反。

11.2　传统经营模式与阿米巴经营模式的区别

越来越多的企业开始学习阿米巴经营模式,希望通过阿米巴经营模式改善企业的经营;同时,也有部分企业仍持观望态度。那么,阿米巴经营模式对企业有什么价值,能够为企业带来什么好处?

在本节中,我就来和大家探讨一下这两个问题,看一看阿米巴经营模式与传统管理模式之间有什么样的区别。虽然传统管理模式同样能够激发员工的工作积极性,但从本质上讲,两者还是有很大差异的(图 11-1)。

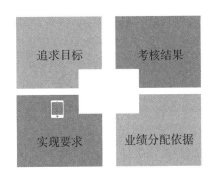

图 11-1　传统经营模式与阿米巴经营模式存在区别的地方

1. 两者追求的目标不一样

传统的管理模式所采用的组织结构是典型的金字塔式,金字塔的顶端发布任务,然后一层一层地向下传递,每一层都需要完成自己的任务。但是,这样的管理模式十分被动,上级布置了任务,下级才会去做,如果上级没有布置任务,那么下级就不闻不问。但在阿米巴经营模式中,每一位员工都是企业的主人,他们工作的目的就是提高企业的利润,即便上级不布置任何任务,他们也会主动地去工作。

2. 两者考核的结果不一样

传统的管理模式主要以结果为导向,完全不在意员工能力的强弱。

2021 年 5 月，阿米巴落地咨询班北京站现场

举个例子来说明：

某企业评选优秀员工，最终小王和小李成为候选人。

小王去年的业绩是 200 万元，而小李去年的业绩只有 150 万元。如果单看业绩，那么毫无疑问，小王胜过了小李；但是，前年，小李的业绩有 300 万元，而小王的业绩只有 100 万元，从这个角度来看，小王和小李谁更胜一筹呢？

而阿米巴经营模式通过打造内部市场，在企业内部形成产品或服务的交易，阿米巴的收入是通过提供产品或服务得来的。在考核的时候，会从多个维度分析员工对团队、对企业的贡献，既考核结果，又考核过程。

3. 两者的实现要求不一样

传统管理更重视产出，简单来说就是销售额；而阿米巴经营更重视产出比，考虑通过什么方式才能用最低的成本创造最大的价值，简单来说就是利润。

目前，绝大多数企业都追求销售额，根本没有考虑为了实现销售额目标而花费了多少成本，导致部分企业虽然销售额不断提高，但利润却一直在降低。

4. 两者的业绩分配依据不一样

目前，绝大多数企业的业绩分配都以工作量为依据，其中最典型的例子就是年度考核目标。实际上,对于业务员来说,在企业中能不能做到一年都还是未知数,而且更严重的是,绩效考核在员工眼中就相当于扣钱,绩效达到百分之多少就拿百分之多少的工资,没达到就要扣钱,超出了却没有奖励,这样的激励措施属于负能量激励,会起到反作用。

而阿米巴经营的业绩考核以多个维度为依据,比如员工的成长、员工的贡献等,这是一种正能量的激励措施。

11.3　阿米巴经营与传统经营模式的有机结合

我们先来看一个故事:

小李任职于某销售型企业,职位是高级绩效专员。前不久,小李和我说,在一个月内,有 3 名高管、10 余名销售精英离开了企业,就像是事先约好了一样。后来我听说,这些同时离开的高管、精英,其实是对企业不满,打算自己创业。这次事件导致该企业内部乱成了一锅粥,全体员工都认为企业离倒闭不远了,少数员工甚至已经准备好了简历,打算跳槽。对于企业来说,这是一次非常严重的打击,企业的老板不明白这些人为什么会对企业不满,想要离开企业自力更生,于是聘请了一位专业顾问。顾问经过调查研究,给出了结论:他们不满的地方在于企业的分钱方式不合理,根本原因在于企业使用的激励机制不合理。

在日常工作中,该企业各个部门之间都相互不满,更别提相互合作了。之所以会出现这样的情况,是因为该企业的主要业务是计算机软件服务,负责销售的阿米巴拿到订单后,负责软件服务的阿米巴就需要为客户进行安装和维护,这其实并没有什么不妥。但是,该企业实行了内部交易制,负责销售的阿米巴需要向负责软件服务的阿米巴支付一定的费用。

问题就出在这里:销售阿米巴认为软件服务阿米巴的定价不合理;而软件服务阿米巴认为销售阿米巴小气。双方谁也看不起谁,相互之间总是发生争执,有一次甚至惊动了企业的老板,但最终问题也没能解决。

其他部门之间同样存在类似的问题,比如招聘市场化,某部门想要招聘员工,必须先交钱;培训市场化,某部门想要组织员工培训,同样要先交钱。什么事情都要交钱,这就导致各个部门之间都有矛盾。员工在这样的环境下工作,感到非常不满,但不满归不满,却没有能力改变这一情况,于是就产生了离职的念头。

不过,高管和精英同时离职,我认为并不只是分钱方式不合理的问题,肯定有其他问题存在,其中最明显的就是阿米巴经营和传统经营模式的冲突。在本节中,我们就重点介绍一下阿米巴经营和传统经营模式的常见冲突(图 11-2),分析该企业的阿米巴经营模式为什么会失败。

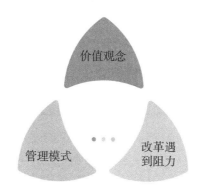

图 11-2　阿米巴经营和传统经营模式的常见冲突

1. 价值观念

阿米巴经营模式之所以如此火热,是因为它完美地将企业的经营哲学与员工个人的工作哲学、人生哲学融合了起来。

企业经营哲学最先需要思考的地方在于:为什么要经营这家企业?简单来说就是经营的目的。这个目的,其实就是企业的经营理念。企业的经营理念直接影响到企业的发展,影响到企业最终的模样。稻盛和夫的经营哲学中,有几个重要的观念:“利他之心”“动机至善”“私心了无”。用通俗一点的话来说,就是企业的经营者必须具备良好的品行,要站在员工的角度思考,为了员工的利益而努力,这样的经营者才会有人追随。但绝大多数企业的经营者根本不具备这样的思维,他们只是引入了阿米巴经营模式的外壳,没有将内在也一起引入,这就导致员工的忠诚度非常低。中国企业与日本企业相比,后者的跳槽率非常低。因为两国的价值观念不同,文化背景也不同,所以中国企业如果只是单纯地引入阿米巴经营模式,根本就不可能取得成功。一定要领悟其内在并结合我国的实际情况进行调整,才有可能成功。

2. 管理模式

某企业的主要业务是软件开发,这种类型的企业重视创新,强调员工的创新思维,这就导致人力资源的成本非常高。这种类型的企业,如果直接模仿阿米巴经营模式,不进行调整,那么就很难取得成功。因此,企业要想引入阿米巴经营模式,就必须结合企业本身的情况进行调整。如果不考虑企业的实际情况,直接照搬阿米巴经营模式,就意味着企业的经营者根本没有深入了解阿米巴经营模式的本质。

3. 改革遇到阻力

无论在什么情况下,只要是改革就绝对会有阻力。比如,清朝的张之洞认为,要想变得更加强大,就必须积极进行改革。在他的领导下,湖北枪炮厂成立了,该厂生产的枪支弹药极大地丰富了我国的武装力量,推动了中国军队现代化的进程。但他曾经说过这样一句话:"旧者不知通,新者不知本。"改革,就意味着要做出巨大的改变,意味着要走出舒适区。享受惯了安逸生活的人,会本能地抗拒改变。部分企业的经营者担心引入阿米巴经营模式会导致企业现有的体系遭受巨大的冲击;部分企业的经营者担心改革会导致工作量变大,改革的过程会导致目前的经营受到一定的影响。在各种阻力的影响下,阿米巴经营模式的落地进程会受到巨大的阻碍,如果没有及时消除这些阻力,那么失败也是必然的。

通过什么方式才能让阿米巴经营模式与传统经营模式进行有机结合,在企业内部顺利落地? 从本质上讲,阿米巴经营模式其实是一种经营的方法。我们在学习一种方法的时候,应该学习的是内在,而不是外壳,要知道这种方法为什么能够成功,这样才能结合自身的情况进行调整。因此,在既有的传统经营模式下,企业在引入阿米巴经营模式的时候,一定要注意以下 3 点,如图 11-3 所示:

图 11-3　阿米巴经营模式与传统经营模式进行有机结合的要点

1. 管理制度要以实现双赢为最终目的,为企业实现战略目标提供保障

阿米巴经营模式的根本目的是"销售最大化,费用最小化"。如果实行内部交易模式,那么企业内部发生交易的时候,买家除了能够与内部的其他阿米巴进行交易,还能与外部市场进行交易,谁的货好,价格更实惠,就跟谁买。因此,内部的其他阿米巴必须想办法提升产品的质量,降低产品的价格,这样才能把货卖出去。但是,卖家也是要盈利的,如果为了卖货一味降低成本,就会损害自身的利益。

对于这种情况,某企业的方法是通过合理的方式将买卖双方的利益捆绑起来。举个例子,企业内部的服务部在为销售部提供服务的时候,收取最低服务费,但后续销售部门的销售额需要与服务部分成。虽然服务部降低了服务的价格,但后续同样能够获取收益,同样能够盈利。所以,内部交易的价格、分钱制度,都必须以实现双赢为最终目的,这样才能让交易双方通力协作,为企业带来更多的利润。

2. 分钱方式一定要合理,一定不要让伙伴们吃亏

阿米巴经营模式的另一个关键之处在于培养员工的经营意识,让员工知道只要自己付出了努力,就必然会有回报,比如能力提升、薪酬增加等。某人力咨询企业曾经做过一项调查,结果表明:超过 70% 的员工之所以会努力,是因为他们坚信努力是有回报的。所以,我们必须让员工看到回报,这样他们才会努力。

3. 以人为本进行管理

稻盛和夫认为,经营企业的本质是经营人心。阿米巴经营模式强调信任员工。经营者足够信任员工,愿意给予其一定的权力,员工才会信任企业,才会将企业当成自己的家,并努力经营企业。BAT 的一位高层领导曾经说过:管理的本质,就是通过各种各样的方式推动团队中的成员实现目标,而其中最关键的是"信任"和"爱",领导信任员工、爱员工,员工才会为了团队目标而努力,才会为了企业而努力。我认为这个观点十分正确,管理必须以人为本,要重视员工的需求。根据马斯洛的需求层次理论,人的需求包含生理需求、安全需求、社交需求、尊重需求和自我实现需求。不同的员工拥有不同的需求,只有满足了员工的需求,才能让员工竭尽全力地工作。

一味地抄袭、模仿,根本无法取得成功。我们在学习一项新东西时,必须透过现象看本质,理解其内核,发掘其最底层的逻辑。这个逻辑才是最关键的,掌握了逻辑,才掌握了通往成功的钥匙。

阿米巴经营将精益生产、股权激励等商业模式进行有机结合,但前提条件是企业必须有一座幸福型大厦的整体架构,有经营哲学作为经营之道的地基,有经营的战略和组织,以及经营会计和市场化作为支撑的柱子,最终才能让阿米巴系统做到完美融合,做到有中国特色,做到事半功倍。

11.4　践行阿米巴常见的 7 个误区

不少企业在践行阿米巴经营模式的过程中,没有意识到阿米巴经营的核心是什么,导致陷入了误区,走上了错误的道路。如果对阿米巴经营的理解程度不足,没有领会阿米巴经营的核心,没有走出误区,那么推行阿米巴经营就会适得其反。接下来,我就向大家介绍一下践行阿米巴经营模式过程中的 7 大常见误区(图 11-4)。

践行阿米巴常见的 7 个误区
1.领导层负责所有事宜,员工只能像"机器"一样执行
2.老板不参与,员工"瞎忙活"
3.一味追求"哲学"
4.将阿米巴经营视为"灵丹妙药"
5.将阿米巴经营当成"承包制"
6."大跃进式"推行阿米巴经营
7.生搬硬套

图 11-4　践行阿米巴常见的 7 个误区

1.领导层负责所有事宜,员工只能像"机器"一样执行

大量企业在推行阿米巴经营模式的过程中,领导层包办了所有事情,员工只负责执行,这样的阿米巴经营根本算不上是真正的阿米巴经营。阿米巴经营的核心,是各部门根据自身的实际情况,自行制定发展计划,通过自主经营、独立核算的方式进行经营,每一个部门都是独立的中心,最后再通过阿米巴经营报表进行业绩分析并改善。在这个过程中,员工必须参与其中。阿米巴经营强调"每一位员工都是企业的主人",员工才是阿米巴经营的核心。因此,阿米巴经营必须得到员工的认可,并且要让员工主动参与其中,这样的阿米巴经营才能取得成功,才能充分调动员工的工作积极性。

2. 老板不参与,员工"瞎忙活"

阿米巴经营属于顶层设计,因此,推行阿米巴经营模式必须有老板的参与,阿米巴经营的性质决定了它是一项"一把手工程"。阿米巴经营涉及的层面非常广,如果没有老板的参与,必然无法成功落地。推行阿米巴经营的过程中会涉及一些关键的环节,没有老板亲自操刀根本无法顺利开展。但需要强调的是,需要老板参与并不意味着老板需要负责所有事宜,老板只需要在关键事项上表态即可。另外,老板还必须不断学习阿米巴经营模式,如果不学习,就不懂阿米巴是什么,那么如何推行阿米巴呢?

3. 一味追求"哲学"

很多人认为,阿米巴经营之所以能够如此成功,是因为稻盛和夫的经营哲学。因此,我国有许多机构专门对稻盛和夫的经营哲学进行研究,并将其视为推行阿米巴经营的必修课。虽然经营哲学非常重要,但一味追求"哲学"是不可行的。哲学是《论语》,实学是"算盘",一手《论语》,一手"算盘",两手同时抓,阿米巴才能落地成功。

4. 将阿米巴经营视为"灵丹妙药"

在许多人眼中,阿米巴经营就是"灵丹妙药",能够解决企业的所有问题,这样的想法其实是错误的。

举个例子,阿米巴经营并不能解决日常管理工作中存在的所有问题,这些问题必须通过设计完善的制度、规范的流程才能得以解决。

阿米巴经营也不能帮助老板获取员工的信任。要想获取员工的信任,老板必须在日常工作中做到言出必行,言而有信。

5. 将阿米巴经营当成"承包制"

因为阿米巴经营需要将整个企业划分为若干个阿米巴组织,所以很多人觉得,阿米巴经营其实和承包制差不多,每个阿米巴组织的领导者承包一个组织。其实,阿米巴经营和传统的承包制有着很大的区别。虽然承包制在短时间内能够降低企业的成本,但时间长了,承包者和企业的关系其实是博弈关系,承包者如果赚到钱,就会觉得这是自己努力的结果,忽视了这个平台是企业提供的,缺少感恩之心;而承包者如果赚不到钱,就会埋怨企业没有给他任何帮助。而在阿米巴经营模式下,阿米巴组织的领导者,也就是所谓的"承包者",与企业是纯利益关系,两者是利益共同体。

6."大跃进式"推行阿米巴经营

很多企业在推行阿米巴经营的过程中,一味追求速度,在最开始进行核算的时候就精确到工序。连数据都没有搞好,就开始追求工序核算,这样怎么可能做好呢?

另外,推行阿米巴的周期通常为6～12个月,但不少企业为了追求效率,大幅缩短了时间,导致效果不理想。

7.生搬硬套

因为阿米巴经营起源于日本,而日本与中国的文化有着很大的不同,所以适用于日本企业的东西并不一定适合中国企业。但很多人都没有意识到这一点,他们生搬硬套日本的模式,最终搞出一个"四不像"。举个例子,日本企业的阿米巴经营不与奖金挂钩,如果中国企业也这样做,最终肯定会失败。

11.5　践行阿米巴贵在坚持

稻盛和夫用一生的精力研究了阿米巴这套系统,并且成就了数以万计的企业,它的价值不言而喻。因此,在阿米巴践行和落地时如果遇到一些短期的困难,企业家要有坚定的信念。

践行阿米巴不能一蹴而就,它是一个长期的过程。毕竟企业的问题并非一天形成,解决问题当然也不能一蹴而就。所以,践行阿米巴最重要的是坚持,但很多企业在推进的过程中一遇到困难就停下来了。

在中国有这样一个故事。从前有两个和尚,一个很贫穷,一个很富有。有一天,穷和尚对富和尚说:"我打算去一趟南海,你觉得怎么样呢?"富和尚不敢相信自己的耳朵,认真地打量了一番穷和尚,禁不住大笑起来。穷和尚莫名其妙地问:"怎么了啊?"

富和尚问:"我没有听错吧!你也想去南海?可是,你凭借什么东西去南海呢?"穷和尚说:"一个水瓶、一个饭钵就足够了。"

富和尚大笑,说:"去南海来回好几千里路,路上的艰难险阻多得很,可不是闹着玩的。我几年前就打算去南海了,等我准备了充足的粮食、医药、用具,再买上一条大船,找几个水手和保镖,就可以去南海了。你就凭一个水瓶、一个饭钵,怎么可能去南海呢? 还是算了吧,别白日做梦了。"

穷和尚不再与富和尚争执,第二天就只身踏上了去南海的路。他遇到有水的地方就盛上一瓶水,遇到有人家的地方就去化斋,一路上尝尽了各种艰难困苦,很多次饿晕、冻僵、摔倒,但是他一点也没想过放弃,始终向着南海前进。

很快,一年过去了,穷和尚终于到达了梦想的圣地——南海。

两年后,穷和尚从南海归来,还是带着一个水瓶、一个饭钵。穷和尚由于在南海学习了许多知识,回到寺庙后成为了一个德高望重的高僧,而那个富和尚还在为去南海做各种准备工作。

这则小故事告诉人们,做什么事都要勇于付出行动;不付出行动,即使有再好的设想,也只会停留在原地。所以,当我们打算做一件事的时候,一旦做好必要的准备工作就要立即行动,否则,再好的设想也不会变成现实。

天下事有难易乎? 为之,则难者亦易矣;不为,则易者亦难矣。再难也要坚持,因为这是一个正确的决定。

11.6　阿米巴的3重境界

在旌华咨询多年为企业落地阿米巴的经验中,我们认为阿米巴有3重境界:

第一,昨夜西风凋碧树,独上高楼,望尽天涯路。此时做企业是孤独的,也是迷茫的,必须选择一条高效、科学的经营之路,阿米巴经营就是一个正确的选择。

第二,衣带渐宽终不悔,为伊消得人憔悴。当企业进入阿米巴系统后,企业家会发现要面对组织划分、内部交易定价、激励、业绩评价、人才培养等一系列困难,很多人遇到困难就放弃,最终没有走向成功。因此,越是艰难的时刻,越是决定成功的时刻。

第三,众里寻他千百度,蓦然回首,那人却在灯火阑珊处。这一重境界是"去阿米巴化"。这时企业家会深度了解阿米巴哲学的从容和淡定,培养出企业的内生力,打造出自己企业的灵魂,在更高处遇到更好的自己。

因此,阿米巴的推进要遵循3个基本原则,要循序渐进,并且要整体大于局部,合作大于竞争。阿米巴的"分"是表象,"合"才是目的。

2021 年 7 月,阿米巴落地咨询班杭州站现场

11.7　写在最后

在本书的最后,我想推荐稻盛和夫关于心法的一个观点:无论是干法还是核心工具,都不是最难学的,最难学的是悟透一套系统的心法。心法中有一句最核心的话是"少用方法多用心",所以我们要放手去做,否则一切都是空谈。

最后,祝愿所有企业都能通过阿米巴经营模式为自己的企业带来长足的发展和进步,希望每一家企业都能在自己的行业成为翘楚,为中国的经济发展做出自己的贡献,同时希望企业中的每个人都能好好学习,天天向上。

所有事情都是预见方可遇见,希望每一个人都能做好自己的计划,有笃定的信念,以终为始,用心坚守,最终见到曙光。